SÜDTIROL
IM
DEUTSCHEN
GEDICHT

2003
Alle Rechte vorbehalten
© by Verlagsanstalt Athesia GmbH, Bozen
Umschlaggestaltung: Athesiagrafik
Gesamtherstellung: Athesiadruck, Bozen

ISBN 88-8266-206-3

www.athesiabuch.it
buchverlag@athesia.it

SÜDTIROL IM DEUTSCHEN GEDICHT

Landschaft und Schicksal

Herausgegeben und eingeleitet
von
Eugen Thurnher

VERLAGSANSTALT ATHESIA BOZEN

INHALT

EINFÜHRUNG

1.

Die Rolle, die Südtirol als tätiges Ich – als schaffendes Subjekt – in der deutschen Dichtung spielt, ist überall hinlänglich bekannt. Zahlreiche Editionen dichterischer Werke liegen vor; Kommentare und Interpretationen führen tiefer in den Sinn verschiedener Aussagen ein; zusammenfassende Darstellungen geben ein Bild der eigenständigen Entwicklung und des Zusammenhangs mit der gesamtdeutschen Überlieferung. Von der Heldensage, dem Minnesang und dem geistlichen Spiel im Mittelalter spannt sich der Bogen der Entfaltung des dichterischen Wortes bis zum realistischen Abbild und dem literarischen Experiment in unserer Gegenwart. Während das Gebiet im Mittelalter zu den führenden deutschen Literaturlandschaften zählt, das durch Anregung und Vermittlung den Gang der Entwicklung maßgeblich mitbestimmt, wird es in der Neuzeit zum Empfänger fremder Impulse, die es jedoch selbständig zu verarbeiten sucht. Denn immer geht es darum, im überkommenen Bild das eigene Ich zur Darstellung zu bringen.

Nicht so klar und so fest umrissen ist die Bedeutung, die Südtirol als leidendes Du – als angesprochenes Objekt – gewinnt. Die Zeugnisse, in denen das Bild des Landes erscheint, sind zwar kaum weniger zahlreich als die Namen der Schaffenden in Südtirol, aber sie existieren scheinbar ohne inneren Zusammenhang. Dennoch reicht die Kette der Bilder von Arbeo von Meran, dem *Laurin*-Dichter und Oswald von Wolkenstein bis zu Hubert Mumelter, Gabriele von Pidoll und Erich Kofler. Immer neu wird Südtirol in der Dichtung beschworen, erstrahlen Landschaft und Schicksal in künstlerischer Verklärung oder werden zum deutenden Symbol, das auf tiefere Zusammenhänge zurückverweist.

Unvergänglicher Glanz breitet sich in Gedicht und Prosa über die einmalige Erscheinung dieser Welt aus.

Die beiden Rollenbilder des tätigen Ich und des leidenden Du, in denen das Land im Ablauf der Jahrhunderte hervortritt, lassen sich jedoch nicht vollständig zur Deckung bringen. Wohl sind es in den Anfängen nur Südtiroler Dichter, die das Bild ihrer eigenen Heimat nachzeichnen, aber mit dem Erwachen eines neuen Landschaftsgefühls in der Romantik wird Südtirol in steigendem Maße zum Gegenstand, an dem Zustimmung und Entzücken fremder Dichter sich entzünden. So entwickelt sich ein interessantes Spiel von Bild und Gegenbild, in dem das Land in wiederholter Spiegelung aufglänzt.

Es wäre eine falsche Einstellung, wollte man dabei nach Falsch oder Richtig fragen, denn die Wahrheit ergibt sich nicht aus der Naturechtheit, sondern aus der Bedeutung, die der Vorwurf in der dichterischen Gestaltung gewinnt. In diesem Sinne sind Eigenes und Fremdes keine Gegensätze, sondern bilden ein Ganzes. Wie dieses Ganze im Ablauf der Jahrhunderte im Gedicht sichtbar wird, das nur einen Teilbereich der künstlerischen Zeugnisse umfaßt, will unsere Anthologie aufzeigen.

2.

Landschaftsbilder in bunter Folge entrollt zuerst der Minnesang. Aber sie tragen einen durchaus stereotypen Charakter. Feste Prägungen kehren immer wieder, die Bilder sind oft austauschbar, die äußere Erscheinung ist meist nur Relation auf ein inneres Gefühl. Es regiert in diesen Bildern nicht das Erlebnis, sondern der Topos. Dennoch muß es erlaubt sein, die Frage zu stellen, ob nicht da und dort eigene Erfahrung zum Durchbruch ansetzt.

So wie das Problem offen bleiben muß, ob Walther von der Vogelweide wirklich ein Südtiroler war, so läßt sich auch die

Frage nicht endgültig beantworten, ob wir in den Versen der *Elegie* nur eine Zusammensetzung fester Prägungen oder ein einmalig geschautes Bild vor uns haben:

> *Nu bin ich erwachet, und ist mir unbekant*
> *daz mir hie vor was kündic als min ander hant.*
> *líut unde lant, dar inn ich von kinde hin erzogen,*
> *die sint mir worden frömde reht als ez si gelogen.*
> *die mine gespilen waren, die sint traege unt alt.*
> *gebreitet ist daz velt, verhouwen ist der walt:*
> *wan daz daz wazzer fliuzet als ez wilent floz,*
> *für war min ungelücke wande ich wurde groz.*

Es läßt sich nichts beweisen, dennoch wird man es niemandem verwehren können, zwischen dem dichterischen Bild und dem mittelalterlichen Landesausbau eine gewisse Übereinstimmung zu erkennen. Auf sicherem Boden aber stehen wir bei Oswald von Wolkenstein. In seinem Frühlingslied verwendet er nicht mehr alte Metaphern, sondern entfaltet angeschaute Bilder, ja er nennt sogar Namen der Örtlichkeiten, wo sich dieses Geschehen des Jahresanbruchs abspielt. Es ist die Burg Hauenstein, die die feste Mitte dieses Ereignisses bildet. In gleicher Weise läßt sich auch sein *Greiffenstein-Lied* auf ein konkretes geschichtliches Geschehnis beziehen. Es ist die Auseinandersetzung des Tiroler Landesfürsten mit dem aufsässigen Adel, die den klar erkennbaren politischen Hintergrund bildet. In diesen Liedern des Wolkensteiners fallen Erlebnis und Gedicht vollkommen zusammen, er berichtet nur, was er selbst erfahren hat. In umgekehrter Weise bestimmt sogar das Wie der Erfahrung die Form seiner Aussage. Von solcher Nähe des Erlebens kann im *Tiroler Landreim* des Georg Rösch von Geroldshausen nicht die Rede sein. Er summiert in seinem Gedicht einfach ganz schlicht, was er über das Land weiß. Dabei bedient er sich der simplen Manier der Meistersinger. Nicht dichterischer Ehrgeiz leitet ihn, sondern das Bestreben nach möglichst vollständiger Dokumentation. Erst ein großes Ereignis wie die Franzosenkriege bringt wieder das unmittelbare Erleben zu Wort, wofür das Schützenlied von Johann Friedrich Primisser lebendiges Zeugnis gibt.

Das gleiche Ereignis veranlaßte auch Joseph von Eichendorff zu zwei Gedichten über Tirol. Eichendorff ist selbst nie in Tirol gewesen, aber die Tapferkeit der Freiheitskämpfer zwingt ihn zu einer Bewunderung, die zu einem echten inneren Anteil wird. Dagegen stehen Ludwig Tieck und August von Platen allem Zeitgeschehen fern, das auch in den Landschaftsgedichten von Hermann von Gilm kaum anklingt. Für Julius Mosen aber bildet der Freiheitskrieg von 1809 den ganzen Inhalt. Sein *Andreas-Hofer-Lied* ist über alle Wandlungen und Umbrüche hinweg bis in unsere Tage lebendig geblieben.

Der Freiheitskampf von 1809 aber hat nicht nur den Tirolern ein neues Selbstbewußtsein gegeben, sondern dem Land Tirol in ganz Europa Bewunderung und Zuneigung erworben. Fast zu gleicher Zeit findet Tirol durch Jakob Philipp Fallmerayer Ansehen und Ruhm in der Wissenschaft. Seine »Fragmente aus dem Orient« sind Prosastücke von erstem Rang. Farbige Bilder morgenländischer Welten stellt er uns vor Augen, aber an den wenigen Stellen, wo er sich an seine Südtiroler Heimat zurückerinnert, gewinnt seine Sprache lyrischen Wohlklang, die seine Prosa zum Gedicht erhebt. Wanderungen im Orient, Wanderungen nach Südtirol. Es ist die Stunde, da Reisende aus allen Teilen Deutschlands in immer größerer Zahl nach Südtirol kommen. Und so mehren sich Schritt für Schritt die fremden Stimmen, die das Tiroler Land und das Tiroler Schicksal zum Gegenstand ihrer Aussage wählen. Dazu kommt noch, daß im Laufe des 19. Jahrhunderts der aufkommende Alpinismus, der im Gefolge der romantischen Naturbegeisterung sich entfaltete, die besondere Schönheit des Hochgebirges entdeckt. Diese beiden Anstöße sind im Spiel, um nicht nur ein reicheres, sondern gleichzeitig ein vielfältigeres Bild des Landes entstehen zu lassen. Daran sind heimische Dichter wie Adolf Pichler, Ignaz Vinzenz Zingerle und Karl Domanig ebenso beteiligt wie begeisterte Reisende und Sommerfrischler, von denen nur Josef Viktor von Scheffel, Paul Heyse und Richard Dehmel genannt seien.

Gegen Ende des Jahrhunderts aber ereignet sich eine entschiedene Umwandlung. Das realistische Bild wird immer öfter zu einem unausdeutbaren Gleichnis. Bezeichnend dafür sind die drei Gedichte des jungen Rainer Maria Rilke, die eine Reihe von Impressionen festhalten, die der Dichter dann zum Schluß in einem Gleichnis auffängt. Auch Hugo von Hofmannsthals *Reiselied* spricht kaum mehr von einer konkreten Landschaft, sondern erfährt das Land als Übergang nach Italien, zu den »alterslosen Seen«, die ihn im Süden erwarten. Sein Gedicht *Vor Tag* bedarf des biographischen Hinweises der Entstehung im Pustertal, um es mit Tirol unmittelbar in Verbindung zu bringen. Und Stefan Georges Vierzeiler *Bozen* spricht nicht eigentlich von der Stadt, sondern von der Erinnerung an Erwin, die Hauptfigur in Leopold von Andrians *Garten der Erkenntnis,* deren Schatten ihm in der Talferstadt begegnet. Natürlich gibt es auch konkrete Bezüge auf das Land bei Christian Morgenstern, Gottfried Benn und Gertrud von Le Fort, aber eine gewisse Ambivalenz zwischen Bild und Gleichnis bleibt bestehen. Nur die heimischen Dichter wie Carl Dallago und Arthur von Wallpach haften mit naiverem Vertrauen am traulichen Bild. Wie Erscheinung und Bedeutung ihren Ort sehr schnell vertauschen können, zeigt das kaum bekannte Gedicht *Franzensfeste* von Otto Hartleben. Es lebt gerade aus der Doppelsinnigkeit von Bild und Gleichnis.

Das Unglück des Ersten Weltkrieges mit seinen Folgewirkungen, der Abtrennung des Landes von Österreich und der zwangsweisen Eingliederung Südtirols in das Königreich Italien, führte beim Südtiroler Volk zu einem tiefen Einbruch des Bewußtseins. Die staatliche Kontinuität, die abriß, bedrohte auch die Kontinuität der geistigen Überlieferung. Der Gefahr von außen konnte nur mit einer Mobilisation aller Kräfte des Inneren begegnet werden. Besinnung tat not. Es galt, das Wissen um die Ursprünge neu zu wecken, um gegen alle Zwischenfälle der Zeit gewappnet zu sein. Die Heimat, die den Einzelnen bislang als sicherer Besitz umgab, wurde nun nach innen genommen. Sie erstand neu in der Seele jedes Verantwortlichen. Diesen Weg zu einer neuen Innerlichkeit zeigt das Gedicht unmißverständlich an. Die fremden Stimmen verstummen (trotz eines gesteigerten Fremdenverkehrs im Lande) fast ganz. Um so mächtiger aber wird der Chor der Vertreter des eigenen Volkes.

Nicht aus Zufall steht am Beginn dieses Zeitabschnittes das Prosa-Gedicht *Heimat* des Historikers Franz Huter. Es sucht die Wurzeln aufzuzeigen, aus denen das Leben des Volkes kommt, und schließt mit Gebet und Gelöbnis. Dieser Geist ist für die meisten Gedichte verbindlich, auch wenn sie nicht unmittelbar von Tag und Politik sprechen. Man erlebt das Land neu aus heißerer Liebe und in gesteigerter Bewußtheit. Das bezeugen die Gedichte von Joseph Georg Oberkofler, Josef Leitgeb und Hubert Mumelter. Sie reden nicht von der Stunde, aber das Zeichen des Schicksals bleibt ihrem Gedächnis eingeprägt. Nur als die Not des Volkes sich durch das diabolische Abkommen Hitler-Mussolini zur Unerträglichkeit steigert, schreibt Hubert Mumelter sein erschütterndes Klagelied *Etschland 1940*. Sonst mutet manches an wie in früherer Zeit.

Erich Kofler, Anna Theresia Sprenger und Gabriele von Pidoll beschwören in berauschenden Bildern die Südtiroler Landschaft, aber es ist, als huschte ein leiser Schatten über den bunten Teppich der Juniwiesen. Die Schönheit wird nicht mehr reflexionslos genossen, sondern bewußt erfahren als geschenktes Glück der flüchtigen Stunde. Das vertieft die Empfindung, läßt aber das Gefühl nicht zu reinem Glück gedeihen. Eine verwandte Sprache redet auch das Mundartgedicht bei Maridl Innerhofer und Hans Fink. Es hat nichts mehr von der Wortseligkeit des 19. Jahrhunderts, sondern bringt das Gefühl auf die kürzeste Formel. In dieser Richtung verläuft die ganze Entwicklung bei Kuno Seyr, Konrad Rabensteiner und Christine Haller. Einen gewissen Schlußpunkt setzt das Gedicht *Vinschgau* von Luis Stefan Stecher, wo das Eigentliche nicht mehr ausgesprochen wird, sondern dem Schweigen überantwortet ist. Es sagt, was es nicht sagt, mit um so größerer Deutlichkeit.

Die Zeit nach dem Zweiten Weltkrieg hat das Land in einen neuen Kontext gestellt. Die nationalen Gegensätze brechen erneut auf, aber auch Wege des Verständnisses von Volkstum zu Volkstum werden möglich. Sichtbares Zeichen dafür sind die Gedichte von Gerhard Kofler, die in italienischem und deutschem Idiom dem Lebensgefühl einer neuen Jugend gleichzeitig Ausdruck geben. Aber auch Bruchlinien zwischen Tradition und Moderne werden oft schmerzlich bewußt. Die Heimat wird zu einem »Käfig von ethnischen Gitterstäben«, eine bloße »Sammlung von Flurnamen«, aber dennoch geht es immer wieder um das Suchen, wo jedes »Wort sein Revier« findet. Ernst Rech gibt diesem Suchen und Finden den schönsten symbolischen Ausdruck im Morgenmond, der untergehen muß, um sich zu vollem Licht zu runden.

3.

Das Bild Südtirols im deutschen Gedicht entwickelt sich im Ablauf eines guten halben Jahrtausends. Oswald von Wolkenstein an der Wende des 14. zum 15. Jahrhundert und die Dichter unserer Tage wie Norbert C. Kaser, Gerhard Kofler und Sepp Mall bezeichnen die zeitlichen Marksteine. Dazwischen liegen Leid und Glück der Jahrhunderte, die in der Dichtung immer wieder Stimme gewinnen. In Hubert Mumelters Gedicht *In der Sommernacht* sind sie zu einem einzigen großen Sinnbild zusammengeflossen. Erinnerung und

Trost. Deshalb steht es als Epilog am Schluß unserer Sammlung. Viele Schicksale und Erfahrungen sind an die Zeit zurückgefallen. Aber dort, wo der Mund eines wirklichen Dichters sie ausgesprochen hat, wurden sie dem flüchtigen Ungefähr der Stunde entrissen.

Das ist das Glück, das dem Gedicht innewohnt. Es ist aus dem zerbrechlichsten Stoff gemacht, hat aber die längste Dauer. Es widersteht dem Verfall. Sein Wort kann durch keine Zeit überholt werden. Die Wahrheit, die es ausspricht, ist unwiderlegbar.

Im Gedicht ist das Südtiroler Land geistige Gestalt geworden. Als solche wird es fortdauern, mag kommen, was will.

Eugen Thurnher

GANG IN DIE ZEIT

Runkelsteiner Frühlingslied

Ich sach den may mit rosen umfan,
darzu vil mangerhande vogelin ...
           ... solten stan,
di sungen so schone, das es erhal
in den pergen überal.

Oswald von Wolkenstein

FRÜHLING UM HAUENSTEIN

Zergangen ist meins herzen we,
seit das nu fliessen wil der sne
ab Seuser alben und auss Flack,
hort ich den Mosmair sagen.
Erwachet sind der erden tünst,
des meren sich die wasserrünst
von Kastellrut in den Eisack,
das wil mir wol behagen.
Ich hör die voglin gross und klain
in meinem wald umb Hauenstain
die musik prechen in der kel,
durch scharffe nötlin schellen.
Auff von dem ut hoch in das la
und hrab zu tal schon auff das fa
durch manig süesse stimm so hel,
des freut euch, guet gesellen!

      Was get die red den Plätscher an?
      mein singen mag ich nicht gelan,
      wem das missvall, der lass mich gan,
      und sei mir heur als vert!
      Ob mir die vaigen sein gevar,
      noch tröst ich mich der frummen zwar,
      wie wol das heuer an dem jar
      valsch pöse münz hat wert.

Verswunden was meins herzen qual,
do ich die ersten nachtigal
hort lieplich singen nach dem pflucg
dort enhalb in der Matzen.
Da sach ich vier stund zwai und zwai

geweten schon nach ainem rai,
die kunden nach des mutzen fueg
wol durch die erden kratzen.
Wer sich den winder hat gesmuckt
und von der pösen welt verdruckt,
der freu sich gen der grüenen zeit,
die uns der mai wil pringen.
Ir armen tier, nu raumpt eur hol,
get, suecht eur waid, gehabt euch wol!
perg, au und tal ist rauch und weit,
des mag euch wol gelingen.

     Was get die red den Plätscher an?
     mein singen mag ich nicht gelan,
     wem das missvall, der lass mich gan,
     und sei mir heur als vert!
     Ob mir die vaigen sein gevar,
     noch tröst ich mich der frummen zwar,
     wie wol das heuer an dem jar
     valsch pöse münz hat wert.

Wolauff, ir frummen, und seit gail!
wer eren pfligt, der wünscht uns hail.
kain schand niemand glosieren mag,
wie scharff man si betrachtet.
Es ist ain alt gesprochen wort,
recht tuen, das sei ain grosser hort,
wann es kumpt alles an den tag,
oft ainer des nicht achtet.
Her Cristan in der obern pfarr
zwar der ist sicher nicht ain narr,

wer in will teuschen auff dem stück,
der muess gar frue erwachen.
Er peit ain weil und doch nicht lang,
darnach so firmt er aim ain wang,
das im vergen sein valsche tück,
des er nicht mag gelachen.

    Was get die red den Plätscher an?
    mein singen mag ich nicht gelan,
    wem das missvall, der lass mich gan,
    und sei mir heur als vert!
    Ob mir die vaigen sein gevar,
    noch tröst ich mich der frummen zwar,
    wie wol das heuer an dem jar
    valsch pöse münz hat wert.

DAS GREIFFENSTEIN-LIED

»Nu huss!« sprach der Michel von Wolkenstain,
»so hetzen wir!« sprach Oswalt von Wolkenstain,
»za hürs!« sprach her Lienhart von Wolkenstain,
»si müessen alle fliehen von Greiffenstain geleich.«

Do hueb sich ain gestöber auss der glüet
all nider in die köfel, das es alles plüet.
panzer und armbrost, darzue die eisenhüet,
Die liessens uns zu letze. do wurd wir freudenreich.

Die handwerch und hütten und ander ir gezelt
das ward zu ainer aschen in dem obern velt.
ich hör, wer übel leihe, das sei ain pöser gelt:
also well wir bezalen, herzog Fridereich.

Schallmützen, schallmeussen niemand schiet.
das geschach vorm Raubenstain in dem riet,
das mangem ward gezogen ain spannlange niet
von ainem pfeil, geflogen durch armberost gepiet.

Gepauren von Sant Jörgen, die ganz gemaine,
die heten uns gesworen valsch unraine,
do kamen guet gesellen von Raubenstaine.
got grüess euch, nachgepauren, eur treu ist klaine.

Ain werffen und ain schiessen, ain gross gepreus
hueb sich an verdriessen, glöggel dich und seus!
nu rüer dich, guet hofeman, gewin oder fleus!
auch ward daselbs besenget vil dächer unde meuss.

Die Potzner, der Ritten und die von Meran,
Häfning, der Melten, die zugen oben hran,
Särntner, Jenesier, die fraidige man,
die wolten uns vergärnen, do kamen wir dervon.

Georg Rösch von Geroldshausen

Tiroler Landreim

Allen Lannden ist gegeben
Von Gott vil genad merckh eben
Von handtierung und Weinreben
Und andre Narung darneben.
Nit minder der Grafschafft Tirol
Die mag pleiben bey andern wol.
Der well wir im besten gedenckhen
Gott well gnad uber Sy senckhen.
Gnädig obhalten Tag unnd Nacht
Unnd dartzuo haben eben acht.
Auff Kayserliche Mayestat
Die vil gnad von Gott dem Herrn hat.
Der Allmechtig im Hymelreich
Welle die mitthaylen zuogleich.
Sein gliebsten Sün / und Töchtern allen
Nach seim göttlichen willen unnd gefallen.
Unnsern gnedigisten Herrn / und Frawen
Glückh wells mit gnaden anschawen …
Zway ansehlich Bistumb im Lanndt
Triendt und Brichsen / gar wol bekanndt
Wolgeborn Grafen / Freyherrn / Herrn
Auch Ritterschafft / und Adl von Eern.
Clöster / Schlösser / Stet / Märckt / Dörffr vil
Die Ich jetzt nit all erzelen will.

Zwo Glaßhüten thue Ich Euch verjehen
Lassn sich zuo Triendt und Hall wol sehen.
Mülbacher Pfersich / Clausner prot
Lüentzner Pirn / groß Kerschen Weiß und Rot.
Brischner öpfl / und Rot Summerwein
Puechstainer Milch kan vast guet sein.

Auff der Stat Botzen keller tieff
Groß Märckt und Gwerb / kurtze Schuldbrieff.
Des Adls Hofrecht wirt da gehalten
Nach dem Adls prauch Jungen und Alten.
Die Haubtstat Meran sey bewart
Sambt Irer lustigen Lanndtßart.
Vil Adls wonung / und die nit schlecht
Andrer Instantz das gmain Hofrecht.
Läna an der Etsch hat vil preyß.
In Fünff stuckhen das merckh mit fleyß.
An Hew / Wein / Trayd / Visch / Krepsn / ists
    Reich.
An der Etsch ist nit pald sein gleich.
Übertrifft es Yemandts in aim
So pleybts in aim andern dahaim.
Wiewols an der Etsch hat vil Kessten
So sein doch die Zläna die pessten.
Bey Meran auff Stainachr Kirchtag
Nach Essn und Trinckhen / ist da vil frag
Ain Yeder auch Handtieren mag.
Umb Wein / Trayd / Schmaltz / Käß / und auch
    Vich
Und andre notturfft / frewd hebt sich.
Allein der Regen treybts hindersich.
Ain Freyer Kirchtag auf dem Gey
Ist an der Märr guet lebm darbey.
Zerget der on Lärmen und klagen
So mag man wol von wunder sagen.
Ultner kirnig / digens Fuetter
Des korns ist Vintschgew ain Mueter.
Hat groß Sparglen zuo früer zeyt

Inthal kostlich Neünaugen geyt.
Wachsung des Korns und Graß zwyfach
Gybt Cortscher /Schnalser /Siltzer pach.
Deßgleichen Obermayser wal
Gfüert mit Wasser krumb Perg und Tal
Gybt jetzt Frücht / Wein und Korn on zall
Des müestens vor geratten all.
Curtätsch und Etsch / an mer enden
Thuen in das Römisch Reych senden
Rauschholtz / zuo gelber Farb nit gmain
Welichs Kaufmanschafft ist nit klain.
Edle Zirmel Nuß thuen hergebm
Die hohen Perg / wenig die ebm.
Umb Patscher kofl / Siltz / und mer ort
Wachsen dise Frücht / ist ain hort.
Undr Trasp / und umb Laudegg her fliessn
Edl Sauwrprün / die dem menschen erspriessn
Machen zuo Essn angnämen Lusst
Gebm guet Attem / ringern die Prust.
Vil Wilpäder von Edler art
Die gsundt gebm / so man Ir recht wardt.
Steger Marckht / Braunegger Kern guet
Pustertal faist Nudl machen thuet.
Welsperger Seges / Toblachr Ruebm
Taufrer Kupfer / und Vitriel gruebm.
Auf Glurnser schweren Saltzes kauff
Und Malser hayden / fayst Fölchen vollauff.
Die gibt auch Aytterwanger See
Und mer Edl Visch gewiß verstee.
Triendtner Märml und verjerne Wein
Ir Gwerb mit Saltz / auch Seydin klein
Und das Cosstfrey Schloß zuo Pisein.

Das Thal Passeyr gibt guette Nuß
Die Etsch Feygen und Mandl / ain ubrfluß.
Edl Melaun und Pfersich dartzuo
Kerschen und Marillen / im Mayen frue.
Layener Waytz / Rittner korn keyff
Mayser Zwifl / Gredner Loden steyff.
Serntaler Schwein / Traminer wein.
Eppaner / und guette Lagrain.
Leyttacher / Calthaner / Gürler
Missaner / und Motanier
Planitziger / Riedrer / Griesser
Akpfeyffr / und Sant Gotßharts wasser.
Schreckhpühler / und Rotten Yserer
Sein an der Etsch vast die pessten
Fürztragn Innlendern und Gessten.
Neben dem mueß man guet lassn sein
Vil Edle / Eingemacht Kreütterwein.
Von Roßmarin / und Hirschzungen
Kranbitpern / Schlehen / Tamarisken.
Aland / Salue / Negl / und Zitwer
Des Wermuets liebliche pitter.
Und ander guet Kreütterwein mer
Die belustigen den Menschen seer.
Süeß gesotten Wein zum kochen
Saltzen und Senff / ubr die wochen.
Auff der Etsch Frucht gar wolgeschmach
Gebm Italien wenig nach.

Johann Friedrich Primisser

A LIED IM FRANZOSEN-RUMMEL 1796

Den Stutzen hear, beym Soggara!
Was wölln denn d' Franzosen?
Hö! moanen sie mit ihrem Gschroa,
Mier haben 's Hearz in d' Hosen?
An schwantzigen Tirolar Bue
Darfst du nit dreimal fragen;
Weard er dir wirsch, aft schau nur zue,
Er nimpt di glei bam Kragen!

Die Walschen! Ja, daß Gott erbarm!
Sein freila pure Heiter,
Sihst afa den Tirolar Arm?
Huj! nur koan Schritt mea weiter!
Ja, sproz nur einer, Tuifelsboan,
Mier wölln dirs schon drahnen;
Was 's Stutzl nit dertuet, dertoan
Die Stoaner-Krafellahnen.

Für üns ists krad a Kirchtatanz,
Denn mier – mier halten zsamen,
Und lieben Gott und Kaiser Franz
Und ünser Landl. Amen!
A habn mier ünsrer Alten Lehr
Bei weiten nit vergessen,
Die haben sich mit Ruahm und Ehr,
Mit zwean auf oamal gmessen.

Mei Voda hat mar oft erzöhlt,
Wie er hat Boarn gschossen;
Sie purzelten, vom Blei gefüllt,
Von machtig hoachen Rossen.
Und was das hoaße Blei verschont,
Dermaggeten die Stoaner,
I selber sach im Oberland
An Haufen Todtenboaner.

As kamen bis ge Trient herauf
Zu gleicher Zeit d' Franzosen,
Aft der Tiroler Stutzenlauf,
Der hat sie machen losen.
Der Pseirer und der Etschmann schoß
Mit Heldenmuet darunter,
Und jeder Schuß traf Mann und Roß,
Da lag der ganze Plunder.

Und mier – mier sollten gschlechter sein,
Als ünsere braven Alten?
Huj auf, Tirolar! Würg, hau drein,
Laß Stutzl nie derkalten.
Du, Oberländer, felsenfest,
Wie deine Ferner gfroaren,
Stell di hinauf ins Adler-Est,
Dött kannst sie niederboaren.

Der Unterländer Lotar nach
Herauf in dicken Poisen,
Er kuiet Tabagg und kuiet Rach
Und Toad für die Franzoisen.
Der Vinschger steat schon eisenvest,
Der Nagste den Gefahren,
Laßt sechn, Mander! wer ziehts Best,
Wer treibt 'n Feind zu Paaren?

Laut hallt der Brenner und die Sill
Von Kriegerjubellieder.
Lost, Brüeder, was a Jubel, still,
Still vorwerts, vorwerts, Brüeder!
Dort kümmt der flinke Pustrer Buj,
Den Hut besteckt mit Rosen,
A fuirigs Aug! mein Oada hui,
Wo, wo sein denn d' Franzosen?

Ludwig Tieck

BOZEN

Welche Wonne!
Unten liegt ein Himmelstal
Im Glanz der reinen Sonne.

Wie der Weg sich senkt,
Rücken neue Hügel, Berge vor –
Rundum Glanz und Farbenpracht;
Am Wege hohe Hecken
Von blühenden Granaten,
Glut auf Glut gedrängt.
Wie voll, wie frisch, wie lachend
Hier Kuß an Kuß
Und Liebesgruß
In grünen Zweigen winkt.
Die Gefährten wandeln jubelnd,
Und werfen die roten Blüten
Lachend dem Kranken zu.

Plötzlich ertönt,
So scharf und voll
Betäubend fast
Ein Chor von grillenden, schrillenden Stimmen.
Das ist der Zikadengesang,
So oft von alten Dichtern gepriesen,
Doch wehe!
Kein andrer Ton dringt in mein Ohr,
Kein Baumgeflüster,
Kein Vogelgesang,
Und widerhallen
Die Felsen rings
Das klanglose taube Gezirpe.

Doch eben so plötzlich,
Als es begann,
Verstummt es jetzt.
Und ein lieblich Schweigen
Dehnt sich wollüstig
Liebeatmend
Durch den Raum des blauen Himmels
Durch das blühende Tal
Und über die lachenden Gebirge hin.
Und meine Seele
Strebt vergeblich
Worte zu finden,
Ihr stilles Entzücken
Sich und andern zu sagen.

Joseph von Eichendorff

AN DIE TIROLER

Bei Waldesrauschen, kühnem Sturz der Wogen,
Wo Herden einsam läuten an den Klüften,
Habt ihr in eurer Berge heitern Lüften
Der Freiheit Lebensatem eingesogen.

Euch selbst die Retter, seid ihr ausgezogen,
Wie helle Bäche brechen aus den Klüften;
Hinunter schwindelt Tücke nach den Schlüften,
Der Freiheit Burg sind eure Felsenbogen.

Hochherzig Volk, Genosse größrer Zeiten!
Du sinkst nun in der eignen Häuser Brande,
Zum Himmel noch gestreckt die freien Hände.

O Herr! laß diese Lohen wehn, sich breiten
Auffordernd über alle deutschen Lande,
Und wer da fällt, dem schenk so glorreich Ende!

TIROLER NACHTWACHE

In stiller Bucht, bei finstrer Nacht,
Schläft tief die Welt im Grunde,
Die Berge rings stehn auf der Wacht,
Der Himmel macht die Runde,
Geht um und um,
Ums Land herum,
Mit seinen goldnen Scharen
Die Frommen zu bewahren.

Kommt nur heran mit eurer List,
Mit Leitern, Strick und Banden,
Der Herr doch noch viel stärker ist,
Macht euren Witz zuschanden.
Wie war't ihr klug! –
Nun schwindelt Trug
Hinab vom Felsenrande –
Wie seid ihr dumm! o Schande!

Gleichwie die Stämme in dem Wald
Woll'n wir zusammenhalten,
Ein' feste Burg, Trutz der Gewalt,
Verbleiben treu die alten.
Steig, Sonne, schön!
Wirf von den Höh'n
Nacht und die mit ihr kamen
Hinab in Gottes Namen.

BRIXEN

Hier, wo von Schnee der Alpen Gipfel glänzen,
Gedenk' ich still vergangner Mißgeschicke,
Zurück nach Deutschland wend' ich kaum die Blicke,
Ja, kaum noch vorwärts nach Italiens Grenzen.

Vergebens hasch' ich nach geträumten Kränzen,
Daß ich die Stirne, die mich brennt, erquicke,
Und Seufzer wehn, die selten ich ersticke,
Als könnten Seufzer das Gemüt ergänzen!

Wo ist ein Herz, das keine Schmerzen spalten?
Und wer ans Weltenende flüchten würde,
Stets folgten ihm des Lebens Truggestalten.

Ein Trost nur bleibt mir, daß ich jeder Bürde
Vielleicht ein Gleichgewicht vermag zu halten
Durch meiner Seele ganze Kraft und Würde.

Hermann von Gilm

SCHLOSS TAUFERS

Du altes Schloß! Du scheinst wohl nur zu schweigen,
Neugierig streckt die Föhre sich empor;
Die Eulen horchen, die verschwiegnen Zeugen –
O sag' mir auch ein Märchen in das Ohr.

Du steingewordner Traum! Viel' Tränen mochten
Auf deinen grasbewachsnen Boden hier
Gefallen sein! – Wie deine Männer fochten,
Wie deine Frauen liebten – sage mir.

Du schweigst? – So träume fort; wir gehen weiter –
Von deinen Mauern pflückt' ich mir den Strauß;
Denn die Natur ist ewig jung und heiter
Und schmückt mit Blumen ihre Toten aus!

BRUNECK

Ich sah nicht hohe Fürsten um mich werben
Im Kirchenkleid aus violetter Seide,
Doch trocknen Aug's sah ich dieselben sterben,
Und frei blieb ich wie's Blümchen auf der Heide.

Ich hörte oft, die Liebe bring' Verderben,
Nun weiß ich es – dahin sind Fried' und Freude,
Die Ewigkeit, so meint' ich, knüpf' uns beide …
Du aber sprichst: ein andrer mög' mich erben.

O bittres Leid! Was frommt's, wenn ich's verhehle,
Du warst mein Freund, mein Lenker und mein Leiter,
Durch zwanzig Jahre warst du meine Seele.

Mag auch der Mai mit meinen Pappeln scherzen –
Dein Brautgeschenk – Bruneck wird nimmer heiter,
Die schönste Ros' hat oft den Wurm im Herzen.

Julius Mosen

DAS ANDREAS-HOFER-LIED

Zu Mantua in Banden
der treue Hofer war;
in Mantua zum Tode
führt ihn der Feinde Schar.
Es blutete der Brüder Herz,
ganz Deutschland, ach! in Schmach und Schmerz,
mit ihm das Land Tirol.

Die Hände auf dem Rücken
der Sandwirt Hofer ging,
mit ruhig festen Schritten,
ihm schien der Tod gering,
der Tod, den er so manches Mal
vom Iselberg geschickt ins Tal
im heil'gen Land Tirol.

Doch als aus Kerkergittern
im festen Mantua
die treuen Waffenbrüder
die Händ' er strecken sah,
da rief er laut: Gott sei mit euch,
mit dem verratnen Deutschen Reich
und mit dem Land Tirol.

Dem Tambour will der Wirbel
nicht unterm Schlägel vor,
als nun der Sandwirt Hofer
schritt durch das finstre Tor.
Der Sandwirt noch in Banden frei,
dort stand er fest auf der Bastei,
der Mann vom Land Tirol.

Dort soll er niederknien.
Er sprach: Das tu ich nit!
Will sterben, wie ich stehe,
will sterben, wie ich stritt.
So, wie ich steh auf dieser Schanz,
es leb' mein guter Kaiser Franz,
mit ihm das Land Tirol.

Und von der Hand die Binde
nimmt ihm der Korporal,
und Sandwirt Hofer betet
allhier zum letzten Mal.
Dann ruft er: Nun, so trefft mich recht,
gebt Feuer! – Ach, wie schießt ihr schlecht!
Ade, mein Land Tirol!

BILD UND GLEICHNIS

Jakob Philipp Fallmerayer

PHILE

1./2. Februar 1832

Die milde Tageshelle und das schöne Himmelblau, der Strand, die Felsen und die Gebirge, die von allen Seiten den Gesichtskreis der Insel Phile begrenzen, riefen in diesen zwei schönen Tagen die Erinnerung an die Sommerabende, die ich in den Jahren um 1799 in den Gebirgen meines Heimatlandes genossen habe, in meine Seele zurück. Obwohl damals noch ein Kind, kannte ich doch jene unerklärbare Sehnsucht, fühlte ihren süßen Schmerz. Der Baumgarten, der mit Gebüsch bekleidete Felsenabhang, der Born, der Birnbaum und das Rauschen des Abendwindes in den grünen Blättern, die langen Schatten bei der sinkenden Sonne, die roten Beeren, der Schall der Feierabendglocken am Vorabend von Johann Taufer, Maria Heimsuchung, Assumptio B.V.M., unvertilgbare Bilder jener seligen, auf immer entflohenen Zeit! Ohne Berge, ohne Felsen und Sonnenhelle für mich keine heitere Stunde.

ABTEI VATOPÄDI

Oktober 1841

Hölzerne Kreuze, hie und da auf Felsenvorsprüngen und Scheidewegen mitten im Walde aufgestellt, verkündeten uns deutlich, hier sei einmal wieder christliches Land, ein noch unentheiligtes Überbleibsel des alten Byzantium. Vielleicht lächelt man mitleidig über die gläubige Empfindsamkeit; aber ich gestehe ungescheut die Schwäche, das Auge belebte sich beim Anblick dieses Wahrzeichens des Heiles und das Blut ging rascher, ich dachte an die Heimat, an die romantischen Waldszenen am Eisack in Tirol, an die Rebgelände und Kastaniengruppen seiner entzückenden Mittelgebirge; an euch dachte ich, Schalderstal, rauschender Forellenbach, tiefe Waldöde, sommerliche Luft und ziehendes Gewölke – Symbol der Jugend und der Vergänglichkeit; an dich, hölzernes Wetterkreuz im Birkenlaub, an dem der Knabe scheu und andächtig so oft vorüberging. Sitz der Wonne und der Lust, wie könnte ich deiner je vergessen!

ZWISCHEN KARYÄS UND IBIRON

9. November 1841

O der schöne, sonnenvergoldete Sommermorgen! Nur frischer Lufthauch, trefflich ausgeruht, heiteres Gemüt und leichtes Blut … Herbstliche Tinte der Kastanienhalde am Kamm, Meer nach Sturm und Not wieder stille, Morgengang im Laubgehege unter dem Hofe, Haselstauden-Garten, heimatlich, Erinnerung an das Buschrevier, Gestein, Bächlein und die Knabenzeit am Pfeffersberg bei Brixen in Tirol, süße Melancholie, Seelentrost, fliehende Zeit …

GOLDENER WEIN VON MERAN

Goldener Wein von Meran!
Wie zeigst du die feurige Kraft im Kreise
Der Jünglinge, welche die Mondnacht
Versammelt am moosigen Baumstamm
Zu Scherz und frohem Gelag.

Heiter erschallt der Gesang
Und tönet hinaus zum Geläut der Becher
Ins mächtige Rauschen des Bergstroms, –
Wie senket in Auge sich Aug' schon
Und glüht mit freudigem Glanz!

Ich lehne mich still zurück am Tisch,
Da schwebt dein Bild mit der Rebe Duft
Auf luftigen Ranken her zu mir;
Du winkst und gern folg ich,
Umweht von ambrosischen Träumen, dir nach;
Schon dämmert der See und es ragt der Berg
Ins Abendgewölk aus der Flut auf.

Schaukelnd empfängt uns der Kahn,
Wir gleiten vorüber im Flug an Schluchten
Und Felsen, von denen im Windhauch
Zur Primel des sonnigen Ufers
Die Alpenrose sich neigt.

Wieder erhebst du die Hand,
Wir landen im Schatten des grünen Ahorns.
Du wählst dir zum Sitze den Felsblock,
Und bring' ich dir Blumen und Efeu,
Begrüßt mich freundlich der Blick.

So pflück' ich noch feucht von frischem Tau
Des Daseins lieblichste Blüten ab
Und reiche sie spielend dir zum Schmuck. –
Was kommen mag? still, Herz!
Ich hebe den Becher mit funkelndem Wein
Und trink ihn begeistert entgegen dir
O Genius heiliger Zukunft!

RUNKELSTEIN BEI BOZEN

Noch heute freut's mich, o Runkelstein,
Daß einstmals zu guter Stunden
In der Talfer felsenges Tal hinein
Zu dir den Weg ich gefunden.

Melodisch scholl aus der Tiefe empor
Des Wildbachs entströmendes Tosen,
Am Burgpfad erblühten in lustigem Chor
Glutnelken und wilde Rosen.

Des Runkelsteins verfallen Gebäu
Weiß nichts von Grämen und Trauern,
Der Geist der Dichtung, fröhlich und frei,
Nistet in seinen Mauern.

Herr Konrad Vintler einst oben saß
Des Kurzweil war allerwegen
Beim Klang der Laute und Stengelglas
Der freien Künste zu pflegen.

Längst war des Minnelieds Glanz vorbei
Und anderes wollt' sich gestalten,
Drum dacht' er, ein künstlerisch Konterfei
Entschwundener Pracht zu behalten.

Viel sinnige Männer malten ihm gern
Die Helden der altdeutschen Lieder;
Noch schauen Herr Hagen und Dietrich von Bern
Vom Söller zum Burghof hernieder.

Und Grau in Grau – dort den Saal entlang,
Wer deutet die Gruppen, die holden?
's ist Gottfried von Straßburg minniger Sang
Von Tristan und Isolden.

Tristan und Isolde auf weitem Meer –
Isolde und Tristan im Walde –
Brangäne lächelt – betrüblich sehr
Steht König Marke der Alte …

Noch heute freut's mich, o Runkelstein,
Daß einstmals zu guter Stunden
In der Talfer felsenges Tal hinein
Zu dir den Weg ich gefunden.

Durch der Fenster farbige Scheiben entsandt'
Die Sonne ihr Gold vor dem Scheiden;
Es umflammte die Schildereien der Wand
Wie ein Gruß vergehender Zeiten.

Im Rittersaale am hohen Kamin
Saß lang' ich, in Sinnen versunken,
Und habe im feurigen Wein von Tramin
Des Vintlers Gedächtnis getrunken.

Wer immer ins sonnige Etschland fährt,
Halt' Einkehr in diesen Räumen,
Und ist ihm eine Isolde beschert,
Mag er von ihr hier träumen.

Ignaz Vinzenz Zingerle

KOTTERER HOF BEI MERAN

Lieblicher Winkel der Ruh, wo hoch die Pinie raget,
Dicht der Feigenbaum breitet ein dunkelndes Dach;
Wo der Kastanienbaum still flüstert, laut rauscht die
Cascade,
Und ins herrliche Tal freudig sich senket der Blick!
Schüchtern versteckst du dich in der Bäume heiligen
Schatten,
Schmiegst dich ängstlich zum Berg, wie an den Vater
ein Kind.
Lieblich und schüchtern zugleich gemahnst du der
Veilchen des Lenzes,
Welche den Erstlingsduft hauchen in deinem Gehäg.

AUF SCHLOSS LABERS

Vom luftigen Altan, an dessen Brustwehr,
In Efeu dicht gehüllt, ein Bienenschwarm
Geschäftig summend um die Blüten schwirrt,
Gern schau' ich nieder, wenn der Tag verblaßt.
Zu meinen Füßen senkt die Halde sich
Mit ihrer Rebengärten Überschwang,
Noch glühend von der Sonne Feuerkuß,
Und aus dem Grün mit ihren Zinnentürmchen
Ragen die stillen Schlösser, Trautmannsdorf,
Rametz, zur Rechten Planta – wohlbekannt.
Und tiefer, wo in ihrer Felsenkluft
Die wilde Passer rauscht, die schatt'gen Gassen
Merans, aus deren Mitte sich der Turm
Der alten Kirche hebt. Weit drüben aber
Kommt, hin und wieder in der Sonne blitzend,
Die Etsch herab, wie ein mutwillig Kind
Die Treppenstufen niederspringt, und reicht
Der Schwester vom Passeiertal die Hand
Und grüßt vertraut hinauf zu Schloß Tirol.

Gesegnetes Gefilde, märchenhaft
Geschmückt mit Anmut, vom erhabnen Kranz
Der Bergeshöhn umblaut, der tiefer jetzt
Sich färbt, bis an den höchsten nackten Firnen
Der letzte Purpurhauch erlischt! Nun liegt
Die weite Runde still, als hielte sie
Den Atem an. Und drunten in den Häusern
Glimmt Licht an Lichtlein auf, wie in der Dämmrung
Leuchtkäfer funkeln durch ein Gartenland,
Am dunklen Berge dort beim Eggerbauern
Noch ein versprengtes Fünkchen. Aber golden

Ob all dem Erdgeleuchte schwebt die Sichel
Des Mondes still dahin im reinen Äther,
Und ihre taubeschwerten Fittiche
Entfaltet jetzt die Nacht.

                              Auf meine Seele
Senkt Schwermut sich herab. Sie schweift zurück
In langversunkne Zeit, das Auge sucht
Im nächt'gen Schatten drunten jenes Haus,
Wo sommerlang ich schwerstes Leid erduldet
Und rings um mich die Kraft und Segensfülle
Der üppigen Natur ein Hohn mir deucht'
Auf mein verarmend Dasein. Ihre Zauber
Besel'gen nur den Glücklichen. Wer hat,
Dem wird gegeben – unbarmherz'ge Weisheit,
Die eines Bettlers spottet!

                              Doch die Nacht,
Die blasse Schatten aus den Gräbern weckt,
Hat Balsam auch für alte Wunden. Sacht
Vom hellgestirnten Firmamente träuft
Ein Friede nieder, an das Ew'ge mahnend,
Und schauernd fühlt von einer höhern Macht
Die Seele sich umfangen. In dem Hauch
Des Nachtwinds dehnt sich die beklommne Brust,
Und, das noch eben Geistertönen lauschte,
Das bange Ohr, nun hört's im Hause drinnen
Vertrauter Stimmen Ruf, der Kinder Lachen
Und deine seelenvolle Geige, Freund,
Die mit dem Zauber holder Harmonieen
Das Herz, von Jenseitsdämmerung umgraut,
Zurück ins Leben lockt.

RUNKELSTEIN

Schloß Runkelstein,
dein perlender Wein,
    macht hoch die Herzen schlagen;
er labt den durstigen Sängermund
und weckt ein Lied in der Seele Grund
    aus minnesüßen Tagen!

Schloß Runkelstein,
dein perlender Wein,
    glüht fort in meinen Träumen;
ich schau' deine Mannen trutzig-wild,
ich seh' deine Frauen züchtig-mild
    lustwandeln in den Räumen!

Schloß Runkelstein,
dein perlender Wein,
    klingt fort durch meine Lieder;
und fehlt mir einmal der fröhliche Reim,
so denk' ich ans feuchte Sängerheim –
    und schreib' ihn lächelnd nieder!

DER RICHTER VON TOBLACH

Der Richter Christoph Herbst von Toblach saß
An seinem Aktentisch im schweren Lehnstuhl.
Und vor ihm stand sein munt'res Ehgemahl.
»Du hast mich rufen lassen, mitten von der Arbeit;
Was gibt's? Ich bitte dich, mach's kurz! –
                    …Was hast du?
Was siehst du so verstört?« … ›Der Kerkermeister
War hier‹ … »Um mich?« … ›Du weißt, im Fasching
                    gab ich
Ihm Urlaub einen Tag. Der alte Klaus
Vertrat ihn‹ … »Weiß wohl, damals, als wir just
Die vielen Gäste hatten, die von Rasen
Und Welsberg, wo's so lustig herging!« – ›Wohl.
Und mitten in der Lustbarkeit erschien
Der Klaus: Man habe einen eingebracht.
Die unteren Gelasse waren alle
Besetzt, im Turmverließ allein noch Platz‹ …
»Nun, und?« – ›Ich ließ ihn dahin bringen.‹ –
                    »Und?
Was hat der Schelm getan?« – ›Das weiß man nicht‹
»So laß ihn laufen dann« – ›Ich hab' ihn nicht
Verhört.‹ – »Was, nicht verhört? Ja, Mann, seit damals!«
›Besinne dich! Der Faschingssonntag war's.
Wir zechten lang, am andern Tag Besuche –
Der Kerkermeister wußte nichts von ihm.‹
»Wie, wußte nichts?« – – ›Der Klaus vergaß, der alte.‹ –
»Um Gott – und dann?« … ›Er ist vergessen worden.‹
»Vergessen und? – Ach Gott im Himmel sprich!«
›Vergessen und – Gott sei uns gnädig, Frau!‹
»Herr Jesu Christ, ich hab' ihn schreien hören!

Du sagtest mir, der Sturm, da schlief ich ein –
Zeit meines Lebens hör' ich jenen Laut!«
Unheimlich war's von jener Stunde an
Auf Herbstenburg. Als ob die Rufe des
Verhungernden, einst ungehört, nun nicht mehr
Verhallen könnten, schien aus jedem Winkel
Ein Laut, ein mattes Röcheln, ein Gestöhn,
Ein Fluch zu kommen; langgezog'ne Seufzer
Erschreckten die Bewohner jede Nacht.
Das Ingesinde kündete den Dienst;
Der Richter selbst und seine mutige Frau,
Zu Schemen abgehärmt, verließen endlich
Auch sie ihr Heim; und kurz darauf sah man
Sie pilgern gegen Rom, an Petri Grab
Verzeihung sich und Sühne zu erflehen.

Und hier bestimmt' der Richter seine Buße,
Er selbst: daß an das eine folgenschwere
Versäumnis seines Lebens Stund um Stunde
Er sich erinnere; und daß, wann immer
Er künftig seines Richteramtes walte,
Er selber sich als Schuldigen bekenne:
Ließ eine Kette schwer von Eisen sich
Herr Christoph Herbst um seinen Nacken schmieden.
Die trug er heim und trug sie bis zum Tod.
Auf seinem Grabstein an der Kirchenmauer
In Toblach sieht man ihn noch heute so,
Gemeißelt knien mit der Eisenkette.

Gerhart Hauptmann

BLICK AUF BOZEN

Wie hell und lieblich liegt sie hingebreitet,
die alte Bergstadt: süß und schwer erklingt
Vergangenes aus ihr, und leise gleitet
um mich das Liebeslied, das Walther singt.
Da wird zum Alpenfirn der Raum geweitet,
die Seele, abendglockenklangbeschwingt,
hebt sich hinan zu jenem letzten Glühen
im Garten, drin Laurinens Rosen blühen.

Noch eben Silber, diese sel'gen Warten,
sind sie, vom Fuß der Himmlischen gestreift,
bereits erblüht zum Rosenwundergarten,
des süßer Duft um meine Seele schweift.
Oh, daß sich seine Wunder offenbaren
mir, dir, dem Kinde, das nach ihnen greift!
Kaum denk' ich dies, so schießt ein grünes Funkeln
von dort herab, und alle Rosen dunkeln.

Der grüne Strahl! Und schon ist er verschwunden.
Wer ihn erblickt, steht an des Meeres Rand,
von dem uns klingen ahndevolle Kunden,
sein Blick berührt ein schwimmend Wunderland:
es scheint verloren, und es scheint gefunden.
Ein goldner Nachen bietet sich am Strand.
Wo blitzte her die gründemantne Kohle?
Vom Rosengarten, aus Laurins Phiole.

Richard Dehmel

HOCHFEILER AM BRENNERPASS

Heiß auf kalter Höhe mach ich Rast,
von den Gletschern kommt ein leichter Hauch,
kommt und geht, und lichter Rauch
wird mir all die fremde Last,
von der Völkerstraße her die Hast,
und die Sehnsucht nach der Heimat auch.

Stefan George

BOZEN: ERWINS SCHATTEN

Stimmen hin durch die duftige nacht verschwommen
Der mauern zitterglanz wie der natur
Entzücktes beben: sind sie nur entnommen
Mein Erwin deiner zarten spur?

Rainer Maria Rilke

ENGLAR IM EPPAN

Später Weg. Die Hütten kauern,
und das dumpfe Dorf schläft ein.
Ernste Türme seh ich dauern,
weit aus weißen Blütenschauern
wächst ihr Weltverlorensein.

Abendbrand in brachen Zinnen,
und der Wind fährt durch den Saal.
Und für wen im Burghof drinnen
immer noch die Brunnen rinnen –
keiner weiß es dort im Tal.

BEGEGNUNG IN MERAN

Wenn zwei sich finden tief im Lenzen,
muß das ein liebes Wandern sein.
Ein jedes Wort ist ein Ergänzen,
der weite Weg hat keine Grenzen,
und tausend Tiefen hat der Hain.

Und lauter leise Lauben warten,
und lauter linde Lüfte gehn
mit Lispeln in dem birkenzarten
Geäst, weil durch den Blütengarten
die Sehnsucht irrt auf sachten Zehn …

SCHLOSS LEBENBERG

Aus der Burg von Fensterbänken
schau ich noch ein letztes Mal.
In den blühenden Gesenken
späte Herden heimwärts schwenken
von den roten Abendtränken,
und die kleinen, ungelenken
Glocken locken Nacht ins Tal.

Und es wächst mein leises Schauen,
und den Burgpfad kommt es still
wie ein Zug von bleichen Frauen,
der in einem silbergrauen
Sarg den Tag aus toten Auen
in das einsame Vertrauen
der Kapelle tragen will.

Reiselied

Wasser stürzt, uns zu verschlingen,
Rollt der Fels, uns zu erschlagen,
Kommen schon auf starken Schwingen
Vögel her, uns fortzutragen.

Aber unten liegt ein Land,
Früchte spiegelnd ohne Ende
In den alterslosen Seen.

Marmorstirn und Brunnenrand
Steigt aus blumigem Gelände,
Und die leichten Winde wehn.

Vor Tag

Pustertal

Nun liegt und zuckt am fahlen Himmelsrand
In sich zusammgesunken das Gewitter.
Nun denkt der Kranke: »Tag! jetzt werd ich schlafen!«
Und drückt die heißen Lider zu. Nun streckt
Die junge Kuh im Stall die starken Nüstern
Nach kühlem Frühduft. Nun im stummen Wald
Hebt der Landstreicher ungewaschen sich
Aus weichem Bett vorjährigen Laubes auf
Und wirft mit frecher Hand den nächsten Stein
Nach einer Taube, die schlaftrunken fliegt,
Und graust sich selber, wie der Stein so dumpf

Und schwer zur Erde fällt. Nun rennt das Wasser,
Als wollte es der Nacht, der fortgeschlichnen, nach
Ins Dunkel stürzen, unteilnehmend, wild
Und kalten Hauches hin, indessen droben
Der Heiland und die Mutter leise, leise
Sich unterreden auf dem Brücklein: leise,
Und doch ist ihre kleine Rede ewig
Und unzerstörbar wie die Sterne droben.
Er trägt sein Kreuz und sagt nur: »Meine Mutter!«
Und sieht sie an, und: »Ach, mein lieber Sohn!«
Sagt sie. – Nun hat der Himmel mit der Erde
Ein stumm beklemmend Zwiegespräch. Dann geht
Ein Schauer durch den schweren, alten Leib:
Sie rüstet sich, den neuen Tag zu leben.
Nun steigt das geisterhafte Frühlicht. Nun
Schleicht einer ohne Schuh von einem Frauenbett,
Läuft wie ein Schatten, klettert wie ein Dieb
Durchs Fenster in sein eigenes Zimmer, sieht
Sich im Wandspiegel und hat plötzlich Angst
Vor diesem blassen, übernächtigen Fremden,
Als hätte dieser selbe heute nacht
Den guten Knaben, der er war, ermordet
Und käme jetzt, die Hände sich zu waschen
Im Krüglein seines Opfers wie zum Hohn,
Und darum sei der Himmel so beklommen
Und alles in der Luft so sonderbar.
Nun geht die Stalltür. Und nun ist auch Tag.

Otto Erich Hartleben

FRANZENSFESTE

Franzensfeste, du Tor des Frühlings,
draus dem fröstelnden, nordischen Fremdling
Lenzeswogen der Blütenbäume
warm und lachend entgegenströmen,
weich und wonnig entgegenschlagen –
sage, warum diese dräuenden Mienen,
all diese Mauern und finsteren Gräben,
all diese Wälle, draus ungezählte
Riesenkanonen gen Himmel starren? –

Wehe! Europa rüstet den Frieden!
Tief in die wonnigsten Täler der Berge
tragen sie düster das Werk der Zerstörung,
tragen sie seufzend des Krieges Bild.

Franzensfeste, du Tor des Frühlings:
Einst – ich weiß es – ranken und schwanken
blaue Syringen empor an den Mauern,
goldener Regen weht von den Zinnen
und auf den Wällen wildert die Rose.

Doch aus den leeren Kanonenscharten
klingts wie der Klang der gefüllten Gläser,
klingt es wie silbernes Mädchenlachen,
klingts wie Gesang froh-seliger Menschen! –

Laß uns träumen von deiner Zukunft,
Franzensfeste, du Tor des Frühlings!

MONDNACHT ÜBER MERAN

Die Geisterstadt … Als wie ein Teppichbild,
daran ein Träumer jahrelang gewebt,
so steht sie da im Mondenduft und lebt,
ein ganz zu Traum verflüchtigt Erdgefild.

Und drüber seidet Allblau dämmermild,
von Sternen-Kinderaugen scheu durchstrebt.
Und jetzo! Mitternacht! Der Äther bebt,
als rührte Geistergruß an einen Schild.

Ein Traumbild, – leichtlich tausenden gesellt
auf einer Göttin Brünnenüberhang,
die schimmernd steht auf Speer und Schild gelehnt …

Und eben war's, daß dieser zwölfmal klang:
Gott grüßt im Traume seine Göttin Welt,
die sich nach Ihm, wie er nach Ihr, sich sehnt.

MERANER NACHTLIEDCHEN

Darf sich die Bank heut noch ein Liedchen loben, –
sie, die »mir wert?« ... Gewaltig gehn die Wasser
des Passer-Bachs ... Was tost sie so, die Passer?
Der Bergstrom tobt so, weil die Gletscher droben,

daher er kommt, der Südwind heut umschnoben,
so daß ihr Eisgefüge, naß und nasser,
dem es Umfasser und dann rasch Verlasser
sich doppelt willig ins Gefäll geschoben.

Der Süd. Du kennst ihn. Der Verwirrung bringet
in Mensch und Tier und Fels und selbst in Gletscher –
und heut auch mich so süß zu dir beschwinget – –

daß ich hier träum, ein echter Ober-Etscher,
das heißt, ein Mensch, der voll von Sonn und Weine,
sehr fern von Eurem »Jedem hübsch das Seine«.

DAS TAL VON MERAN

O nirgends, nirgends bist du so geborgen
wie hier im Tal, in das die Nacht
voraus die dämmerblauen Schleier warf!
Die Gipfelkämme dämmern düster-scharf
des Himmels letzten, todesblassen Morgen:
sie fühlen sich mit jedem neuen Glühen,
das hier und dort in ihrem Schoß erwacht,
ein eigen heimlich Abendreich erblühen.

Die Stangen mit den Drähten summen laut.
Du bleibst an einer stehen, lange, lange
und drückst das Ohr an ihre braune Wange
und fast den Mund – so treu und tiefvertraut
besänftigt ihr Gesang dein schmerzlich Sinnen.
Der Wind, die Seelen, die im Winde sind,
sie singen dich in Schlummer wie ein Kind;
und ein Gefaßter wanderst du von hinnen.

Die lieben Häuser – wie sie schützend stehn,
von Berg und Dämmer selber schutzumgeben!
Die liebe Stadt – voll Anmut hingebreitet!
Du fühlst: wie furchtbar auch das Leben schreitet,
das große Leben und der große Gott,
sie werden dies geheime Tal umgehn;
und fern der Weltgeschichte Kriegestrott
wird Friede hier sein schönes Haupt erheben.

Carl Dallago

ATZWANG

Sterbeblasser Dämmer gleitet,
Wo der Wellen Brandung schreitet
Lärmend durch das stille Tal.
Wolken wie verschliss'ne Fahnen
An den Glanz des Tages mahnen,
Und die Hänge leuchten fahl.

Nächtlich dunkle Schatten fliessen
Rings. Ein Rumpf verfall'ner Riesen
Ragt die finstre Felsenwehr,
Dran sich staut der Flut Gedränge.
Auf die wilde Wassermenge
Tropft ein Glanz von oben her.

Eines Kirchleins helle Mauer,
Gräbt sich bleich wie frommer Schauer
Durch des Tales Einsamkeit.
Rings der Höhenkranz der Schroffen
Türmet auf das fromme Hoffen,
Gleichmut der Unendlichkeit.

Arthur von Wallpach

FELDKREUZ

Feldmitten zwischen Korn und Klee
Altersgeneigt das Kreuzbild ragt,
Daß es des Seins urewig Weh
Ob kargen Äckerbreiten klagt.

Das blutbemalte Antlitz sinkt
In Abendwolkenwiderschein –
Mit durstgequälter Lippe trinkt
Es deutscher Landschaft Frieden ein.

SOMMERS ABGESANG

Das letzte Almmahd, wildgezäunt,
Der Herbstreif hat es schon gebräunt.
Hinter des Regens dichter Wand
Das schnee-erstarrte Hochtal schwand.
Bergwasser poltern durch den Runst,
Die Hüttenschar im Nebeldunst
Lauscht zaghaft unterm Blockgestein
Hinaus mit bangem Flackerschein.
Hört ihr den windverstreuten Schrei:
Vorbei, der Sommer ist vorbei!

ANGERER ELEGIE

Wir sind schon alt, das ist ein müdes Wesen,
Der Abend sinkt und näher rückt das Ziel –
Du altes Heimathaus sei auserlesen,
Schenk uns ein weltvergessenes Asyl.

Im hohen Gras die blauen Blumenglocken
Bei vielen silbernen Maßliebchen stehn,
Lautlos im leisen Windhauch ihre Flocken
Holunder und Jasmin ob uns verwehn.

Wunschlos und sorglos schaun dem Tanz der Mücken
Im Sonnenstrahl, dem Vogelflug wir zu.
Den neuen Tag wie eine Blume pflücken
Beschaulich wir, in anspruchsloser Ruh'.

O süßer Traum, verlockendes Bestechen,
Das uns den Schlummertrank der Ruhe bot,
Mag uns ein letztes, lindes Glück versprechen
Ein stilles Leben, einen sanften Tod.

OKTOBER

Nie noch hab ich wie heuer
den Oktober erfahren!
Jauchzende Feuer
flammen dem Berg in den Haaren.

Die Traube blaut,
die letzte blanke Frucht blitzt vom Spalier,
die roten Wälder dringen auf mich ein.
O schönste Braut!
O Brautschmuck von Saphir,
Gold und Granatgestein!
Ich bin der Erde angetraut
und darf mit ihr
in einer ewigen Hochzeit sein.

DAS WEISSE WIRTSHAUS

Vom Fluß, der unten schnalzt, hat man den Sand,
Den Ahorntisch, die Bänke weiß zu reiben.
Der Tisch steht fest. Hier magst du gerne bleiben,
Vor dem Sankt Georg an der weißen Wand.

Sie ist gekalkt, ist weiß wie Eierschalen.
Es riecht so reinlich und es wird dir wohl.
Der Wein ist gut. Das ist kein Grund zu prahlen –
Er wächst nicht hier, er kommt aus Südtirol.

Das Tal ist grün. Der Berg ist weiß beschneit.
Kann sein, der sieht nach Südtirol hinein.
Das ist voll Wein und Laub und Üppigkeit.

Hier drängt aus jedem Grünen noch der Stein.
Mit Kieseln schiebt und reibt der Fluß: das Leiern
Tönt schwach herauf zu uns. Wir sind in Baiern.

Gottfried Benn

MÄRZ · BRIEF NACH MERAN

Blüht nicht zu früh, ach blüht erst, wenn ich komme,
dann sprüht erst euer Meer und euren Schaum,
Mandeln, Forsythien, unzerspaltene Sonne –
dem Tal den Schimmer und dem Ich den Traum.

Ich, kaum verzweigt, im Tiefen unverbunden,
Ich, ohne Wesen, doch auch ohne Schein,
meistens im Überfall von Trauerstunden,
es hat schon seinen Namen überwunden,
nur manchmal fällt er ihm noch flüchtig ein.

So hin und her – ach blüht erst, wenn ich komme,
ich suche so und finde keinen Rat,
daß einmal noch das Reich, das Glück, das fromme,
der abgeschlossenen Erfüllung naht.

Gertrud von Le Fort

TIROL

Um Schloß Tyrol, da läutet
Von Glocken die ganze Luft,
Da schlafen wohl dreißig Schlösser
In ihrer Efeugruft,

Und da ruhen noch viel mehr Gärten,
Trunken von edlem Wein,
Und da schimmern noch viel mehr Sagen
Wie Glimmer am grauen Stein –

Da weht aus den tiefen Nächten
Ein Rosenduft in den Saal –
König Laurins Schatten wandelt
Durch das silberne Tal.

Seine mondfarbene Krone
Glänzt, es glänzt seine Hand –
König Laurin segnet die Rosen
Weit im blühenden Land. –

Da schlafen wohl dreißig Schlösser
In ihrem Efeugrab –
Wohl dreißig Glockentürme
Träumen die Etsch hinab –

Rings unter den Rebenhängen
Ist nicht eines Atems Hauch,
Nur unter dem Fenster neiget
Sich leise ein Rosenstrauch.

HEIMAT IM INNERN

Franz Huter

HEIMAT

Inbegriff der Lieb' zur Mutter Erde bist
Du, aus der wir wurden und wuchsen, die
in uns wirkt und waltet, in Sinnen und
Trachten, in Sprechen und Schreiten;

Blühender Garten, in tausendjähriger
Arbeit aus Wald und Wildnis zum
Paradies gestaltet, als das Dich alle
neidlos preisen, die Dich jemals schauten;

Rebenland und Almenreich, von weißen
Bergen umstanden, Zeugnis der Allmacht
des Schöpfers, der hier auf engstem
Raume setzte so manches Wunder der Welt;

Hort der Freiheit des Erdteils warst Du,
als andere knechtisch sich beugten, Quelle
der Kraft und des Glaubens an ewiges
Recht seist Du im Leben auch uns!

Joseph Georg Oberkofler

DER RUF IN DIE HEIMAT

Ich muß heimeilen
Mit euch, segelnde Schwalben.
Schon harrt der zierliche Nestbau
Unter des Turmes Helm.
Frühlingssturm bläst
Mit schwegelnden Buben auf Maienpfeifen
Im sausenden Röhricht.
Blank im Erlengebüsch spiegelt
Taglang ziehende Wolken der Teich.

Einmal noch woget
Über meine verstürmten Jahre
Kornfelder der Heimat,
Wolken des Gföllbergs
Und du, unergründliche Sonne!

DER HAUSSPRUCH

Ein Schelm ist, wer die Sippe schmäht.
Denn er zerstört, was Gott gesät.

Ein Schelm ist, wer den Ahn vergißt.
Kein Bauer für sich selber ist.

Ein Schelm, wer Gold sucht anstatt Brot.
Denn unser Reichtum ist die Not.

Ein Schelm ist, wer das Land verrät,
Darin er stirbt und aufersteht.

Ein Schelm ist, wer an Gott nicht glaubt,
Weil er dem Hof den Atem raubt.

MONDES AUFGANG

Dein Aufbruch, klimmender Steiger im Ost,
Strahlender Mond, rüttelt die Berge wach,
Ordnet Gewölkes schwindelnde Treppenflucht,
Schwimmende Stufen,
Gelassen deinen Anstieg zum Himmel.

Hallend tönen die Gletscher,
Dröhnende Silberbecken.
Über den Rand, Steingerölle umschwellend,
Schäumt der Sturzbäche
Ewiger Fall.

Hoch jagt im Kar, an des Berges Grat witternd,
Gespenstisch ein Gemsenrudel
Über das Joch
Jenseits hinab,
Donnernd,
Aufgescheucht vom krachenden Steinbruch,
Der von der Schulter des Berges fällt
Ewig, ewig hinab.

Klimmender Steiger im Ost,
Schon in des Adlers Horst senkrecht
Ziehst du hinab, senkrecht
In das Geklüft des Steinerholms.
Und es qualmen empor
Silberne Nebel. Es raucht
Rings der Gföllberg.

Und es steigt einsam allein
Der Ewige
Mitternächtig am Gebirge auf
Und segnet die Welt,
Anhebend in meiner Heimat
Tausendmal.

DIE BAUERNSTUBE

Im Korb aus Weiden blau und rot
Am Stubenbalken hängt das Brot.

Ums Holzkreuz ober Tisch und Bank
Das Efeu zieht sein Blattgerank.

Und Kette, Seil und Waage hält
Der Nagel fern der Kinderwelt.

Das Bild des Ahnen an der Wand
Blickt treu und fest ins alte Land.

O laßt zu euch im Wettergraun
Voll Zuversicht empor uns schaun.

DER HOFBRUNNEN

Auf der Tränke grau und groß
Uralt aus Granitgestein
Steht der Trog, die Quelle schoß
Viele hundert Jahr hinein.

Was da im Gebirg geschieht,
Stets der Brunnen tut es kund.
Tief des Waldes Atem zieht
Hin durch seinen Silbermund.

In den Wassern spiegelt schön
Sich des Jahres Sommertag.
Trübe schäumt er von den Höhn,
Wettert Blitz und Hagelschlag.

Auf ihn lauscht das ganze Haus
Und sein Sang geht um und um.
Schlägt die Mur ein Rohr hinaus,
Dann verblutend wird er stumm.

Heilig ist das Brunnenlied.
Was da auf dem Hofe lebt,
Was da keimt und wächst und blüht,
Tief ist es hineingewebt.

Alt der Name in Granit
Grüßt aus ferner Ewigkeit.
Atmend in der Quelle mit,
Segnet er noch unsre Zeit.

DAHEIM

Das Hoftor ist geschlossen.
In den Eschen schwillt brausend der Nachtwind.
Der fahrende Mond spielt
auf goldenem Horn
hell durch die Wolken.

Die Nacht ist weit in den Bergen
von Gipfel zu Gipfel gespannt.
Unter ihrem Gewölbe hallen
die Täler vom Sturzbach wider
und die Gebirge vom donnernden Steinbruch.

Unserer Kammer braunes Gebälk
strömt Odem der Wälder aus,
ferner Jagden melodisch Getümmel,
oder Geläute weidender Herden.

Bereitet ist uns ein Lager, auszuruhen, Leidlieb.
Heiß war der Mittag im Roggenschnitt
und der Abend schwer von der Last der Garben.
Leise rollt schon der Taube Locken
über den Hof hin
und der Sang der Nachtigall
bewegt den Holunder.

Karl Theodor Hoeniger

DIE ACHT BOZNER SELIGKEITEN

So alt wie die Stadt und aus gutem Holz
Ist der Bozner Schlag und der Bozner Stolz;
Jedoch um ein richtiger Bozner zu sein,
Genügt nicht nur der Heimatschein.
Dazu muß man seit alten Zeiten
Auch teilhaftig sein der acht Seligkeiten,
Durch die ein jeder, noch eh er stirbt,
Bei uns hier den Himmel auf Erden erwirbt.
Als erste muß man unter den Lauben
Ein Haus besitzen. Um eigene Trauben
Und eigenen Wein für den Hausgebrauch
Zu haben, muß man zweitens auch
In Gries oder in Zwölfmalgrein
Mit einem Höfl begütert sein.
Ganz unerläßlich ist zum dritten
Ein Sommerfrischhaus am luftigen Ritten
Und damit verbunden das Recht zum Tragen
Des weißen Mantels mit rotem Kragen.
Vor Gott und den Menschen sich richtig zu zeigen,
Sei viertens jedem ein Kirchenstuhl eigen.
Dazu als Ergänzung im weltlichen Sinne
Hat fünftens man eine Loge inne
Im Stadttheater. Und sintemal
Ein jeder dieses Jammertal
Verlassen muß zu seiner Zeit
Und nach der Bozner Seligkeit
Zur ewigen wird eingeladen,
Ist sechstens unter den Arkaden
Am Friedhof ein Familiengrab
Vonnöten, und zum siebten hab'
Man – dieser Punkt ist wenig klar –

Nur einmal jedes halbe Jahr
Die Wäsche, weil man Gott sei Dank,
Sie reichlich hat in Truh' und Schrank.
Als achte verlangen die einen genau,
Man müsse verwandt sein mit der Frau
Von Zallinger oder – wofür ich bin –
Verheiratet mit einer Boznerin;
Denn dieses war zu jeder Zeit
Die höchste Bozner Seligkeit.

Josef Leitgeb

ABEND AUF DER MENDEL

Herrlich, zur Schale geweitet,
Gastlich kredenztes Land!
Trunk, von den Göttern bereitet,
Füllt dich bis zum Rand.

Purpurne Sonnen brechen
Aus dem vulkanischen Stein,
Nieder in feurigen Bächen
Strömt der rote Wein.

Himmels azurne Traube
Schäumt in die Kelter, das Tal.
Nacht wölbt sich zum Laube
Über dich schönen Pokal.

Trunken die Lider sinken,
Glücklicher Tränen schwer,
Irdische Augen trinken
Schalen der Götter nicht leer.

In Meran

Mein Vater lief als Kind durch diese Lauben,
die Urgroßmutter hielt ihn an der Hand
und zog und zerrte wohl, wenn Stand um Stand
von Pfirsichen sich bog, von Birnen, Feigen, Trauben.

Er lief zur Schule hier und lief zur Messe,
das dämmrige Gewölb umfing ihn traut.
Doch Schatten gibt's, vor denen einem graut:
ein riesiger Hexenbuckel, eine Teufelsfresse …

Urschreck in allen Gliedern, Fluchtgekeuche,
wenn aus der Pergel stumm der Saltner trat
in eines Flurgotts vogelbuntem Staat,
daß er mit Spieß und Fabelprunk die Weinbergräuber
                              scheuche …

Aus dem Kastanienofen schlug grellrot ein Feuer,
wie der Leibhaftige aus der Hölle fährt;
ein Wolkenspalt ging wie ein Henkersschwert
quer durch den Abend, blank und ungeheuer …

Im Trauerdüster des Karfreitags schwammen
Lichtkugeln traumhaft, gelb und blau und rot
ums Heilige Grab, süß duftete der Tod
nach Weihrauch, Hyazinthen, honiglinden Flammen …

Der Rosenkranz umschlang die kleinen Finger,
sanft rieselte ins Ohr die Litanei wie Mohn,
Maria lächelte vom Blumenthron
im Himmelsglanz der goldnen Flügelschwinger …

Die Orgel schwoll ins Herz mit Donnerfluten,
erstrahlend stieg aus ihnen wie ein Stern
des Engels Stimme: Preiset Gott den Herrn!
O offner Himmel, Schauer, innige Gluten!

Der Hölle Rot, des Tods verfrühte Schwärze,
das Alleluja, das der Engel sang,
dreimal des Tags der selige Überschwang
von allen Türmen aus geweihtem Erze,

der stieg im Weinberg unter Rebenlauben
eidechsenfunkelnd das Gebirg hinan,
zerfallne Burg, die ihre Sage spann
im Efeugrün, im Blau und Gold der Trauben,

das alte Gut, die weinberankten Mauern,
die Äpfelfuhr vor dem gewölbten Tor,
herbstliche Luft, in der es leise gor,
Gestalt und Adel, Schritt und Gruß der Bauern;

der Knabe trank's mit morgendlichen Sinnen,
wie Muttermilch ging es dem Durstigen ein
und wurde Blut in ihm und wurde mein
und seit ich atme, weiß ich es tief innen.

Weiß es in mir gleich einem Land im Traume,
eh' ich's betrat, hab ich es ganz gesehn;
als ich es sah, war es ein Wiedersehn
in einem wunderlichen, spiegeltiefen Raume.

SCHLOSS RUBEIN

Wenn du den Park betrittst, verlässest du die Zeit,
du tauchst ins Tiefere, ins heimlich Namenlose,
denn diese Namen alle – Zeder, Feige, Rose –
sind nichts als eines Dämons rasch vertauschtes Kleid.

Du tauchst ins Leben ein: Verwandlung schwillt und blüht,
streckt Arme nach dir aus, laubhändig rege Schlangen,
umwuchert dich mit Duft, dein rotes Herz zu fangen,
daß es in grüner Nacht gleich einer Blume glüht.

Im Laubwerk spielt ein Flüsterwind, ein Vogel pfeift,
und doch ist Stille rings, unnennbar süßes Grauen,
dich lähmt ein Zaubertraum, wenn einer von den Pfauen
die weiße Seidenschleppe durch den Rasen schleift.

Dann holt das Schloß dich ein und lockt von Raum zu Raum
dich Zögernden hinab in die erloschnen Zeiten,
siehst tausendjährig Holz des Gottes Arme breiten
und steif sich falten zu Mariens Mantelsaum.

Es treten Heilige aus dämmerigem Stein,
es neigen aus den Wänden Männer sich und Frauen.
Ihr toter Mund ist rot, die toten Augen schauen
dich ohne Lidschlag an aus dem erhöhten Sein,

bis dich im Turmgemach noch einmal die Natur,
der Park so wild bedrängt, als quöll' er aus den Rahmen
mit Stengeln, Wurzelwerk, mit Blüten, Blättern, Samen,
mit Schrei und Flügelschlag beseelter Kreatur.

Und plötzlich wird dir leicht: denn was da lautlos schreit
und regungslos sich regt, dies Schwellen, Sichverschwenden,
dämonisch, voller Tod – es ist von Geisteshänden
in die Gestalt gebannt, die dich von ihm befreit.

HERBSTGESANG

Denkt meiner dereinst, wenn ich nicht mehr bin
und der Herbst in die Wälder herabkommt,
das taunasse Moos von Pilzen quillt,
wenn der Farn sich bräunt und die Brombeern
fast platzen vor Saft, wenn der Holler glänzt
von Tropfen schwarz stockenden Erdbluts,
die Berberitze den Steig entlang
weinfarbene Träubchen ins Laub spritzt,
wenn die Hagebutt glüht, wenn der Kirschbaum brennt
und der Ahorn zu golden beginnt.

Der Wein ist gewimmt und die Pergeln stehn leer,
es blaut durch das schüttere Laubnetz
jenseitiger Himmel, unirdisches Blau,
Entschwundenes geistert im Weinberg,
es flirrt in den Espen ein goldener Wind
und es streicht durch die Dörfer der Gärdunst;
doch im Anger, da hängen die Äpfel noch schwer,
fast seufzend vor seligem Schwersein,
die Kastanien fallen, und Schritt auf Tritt
springt die funkelnde Frucht aus dem Pelz.

Wenn wie Rauch aus dem Weiher der Abend steigt
und hinter dem nachtenden Hochwald
das brennende Gold zu Stein ergraut
und über die Täler der Schlaf kommt,
dann zündet das Licht in den Stuben an,
macht ein Feuer aus Reisig und Rebholz
und legt den Reizker ins rauchende Öl
und beizt ihn mit Pfeffer und würzt ihn
mit Zwieblauch und Petersilienkraut
und holt aus dem Keller den Wein!

Ihr redet vom Jahr, wie es alt wird und stirbt
und wie innig das Sterben euch anrührt,
ihr redet vom Obst und vom Wein und vom Wild
und wie innig das Leben euch anrührt,
und schweigt ihr auf einmal und wißt nicht warum
(als löschte der Nachtwind ein Licht aus) –
so wisset denn, Freunde, dies Schweigen bin ich.
O schweigt und laßt mich bei euch sein
so lange nur, wie man zum Nachschenken braucht
und im Lächeln sich stumm zu verstehn!

Hubert Mumelter

IHR WEISSEN GEBIRGE

Ihr weißen Gebirge,
schön erglänzt Ihr dem Glücklichen:
übermütigen Lebens voll, spannt er den Bogen der Freude
gern in die kühne, stürmische Tat;
und es erklingen die goldenen Saiten der Seele,
wenn des Glücklichen Schritte rauschen
durch den sonnigen Schnee!
Aber schöner noch glüht Euer Gleichnis
dem Leidbegrabenen,
wenn er aus Trug und Trübsal
und den Wintern des Lebens
aufhebt zu Euch die begnadeten Augen,
Traumburgen ihr, Hilfe und Heil!
Siehe, da tragen die silbernen Fluten
das Herz hinauf in die heilige Helle
der Himmelsgefilde;
hehr von den Gipfeln grüßen alle mutigen Geister
den Verzagenden.
Sieh, da erbraust dein Herz
heitrer Verklärung voll;
verachtend das Leiden,
spannen weit sich wieder
die Flügel der Seele,
stärker und einsamer immer
über das Leben.

ETSCHLAND 1940

Vom süßesten Raume der Heimat umfangen,
von ihren Weinen herrlich betört,
Brüder, schwärmt in des Herbstes Prangen,
morgen vielleicht euch nichts mehr gehört!

Greifet noch einmal ganz nach dem Glücke,
das euch der Abschied noch liebreich beschert,
keltert die Stunde, trunken euch schmücke
alles, was niemals euch wiederkehrt!

Kränzet mit Weinlaub, Freunde, die Tage,
laßt sie in Bechern festlich verglühn
und von den Bergen die leuchtende Klage
eures künftigen Heimwehs blühn!

Lasset von allem Geliebten uns schwärmen,
von Schönheit und Liedern der Heimat geziert!
Bald wird kein Abend das Herz mehr erwärmen,
wenn unser Weg sich in Fremde verliert.

HEIMGANG IM HERBST

Durch der Wälder gefrorene Stummheit,
leise vorbei am Weiher, worin
des Berges Feuer verglüht.
Über Blößen, umflammt von der Lärchen goldenen
Fackeln,
braun und knisternd von Reif, heimzu hinab.
Weit aus den Räumen gewaltigen Abendgehäuses
späte Laute des Holzschlags,
Hirtengeißelgeschnöll, Hundegejag und ein Schuß.
Und irgendwo Glockengeläute,
verschollen und gütig lagernd,
dem Fallen des Rauches gleich von den Feldern,
nachtblauen Buchten der Täler zu.
Heiliges hütet die Erde. Es siegelt
ein sanfteres Sein Last und Fluch des Gelebten.
Aus den Dingen tritt ihre Gottesgestalt.
Auch aus dir tritt die Seele,
dein gefangener Engel.
Es blutet kein Herz mehr. Kein Böses
schreckt der Geschöpfe schlafende Schönheit.
Auch dir wird dein Göttliches frei.
Freudiger atmet das Wort. Trauervoll träumt es
alles Geliebten unsäglichen Gruß.

BERGABEND

In den Wäldern waltet der Abend.
Darüber der Steinberg verglüht.
Herauf aus den Räumen der Täler
flutet das Meer des Nachtens.
Verschollen lagern darin
die Stätten des Menschen
im Verhängnis der Zeiten.

Wie ein Hirte der Nachtzeit
tritt aus den erlöschenden Triften des Alls
funkelnd der Abendstern.
Darunter erlöschen die Dinge
und beginnen zu träumen.
Alle Unzeit verstummt,
alle Furchtbarkeit der Welt
weicht der Gebärde des Friedens,
dem Traume der Trautheit
in der Heimat der Erde.

Herbst im Weinland

Goldner Du, auf Deinen Hügeln
ruht das müdgewordne Jahr.
Von den Bergen, wie auf Flügeln
sinkt die Stille, kühl und klar.

In den Frieden ganz versponnen
des Vollbrachten liegt das Land,
glühend noch von Lebenswonnen
heiterm Tode zugewandt.

Leuchtend träumen noch die Leiten,
glückerfüllt in ihrer Rast.
Herbst, Du holder Herr der Zeiten,
allen Daseins letzter Gast,

feierlicher Freund der Seele,
Wandrer voll Gelassenheit,
Lebensmeister, Dir befehle
ich mein Herz, mach es bereit,

daß dereinst in solchen Tagen,
stumm beim brüderlichen Wein,
mög mein Leben nicht versagen,
weise, leis wie Du zu sein.

Skifahrt durch die Dämmerung

Ich gleite durch dämmernde Wälder,
der Schnee mich leise umsprüht.
Versunken stehen die Bäume,
die Berge sind längst verglüht.

Ich gleite hinaus in die Wiesen,
über Hügel, die blaß verblaun,
vorbei an Hütten, die heimlich
aus roten Augen schaun.

Ich gleite vorüber an Wassern,
verschollen und unbelauscht.
Mein Herz ist von Sternen und Stille
einsam und stumm berauscht.

Etschland

Gott trug den Namen in die Schönheit ein:
Verheißung denen, die der Sonne warten,
Ein ew'ger Traum von blauen Frühlingsfahrten
Tief in der Sehnsucht Land hinein.

Da leuchtest Du, Du holdes Ostertal,
Und winkst mit Deiner Hügel weißem Blühen!
Hoch über abendlichen Burgen glühen
Die Berge, ein betörendes Fanal.

Groß ist Dein Sommer, wolkenlos und klar,
Und wölbt sich heiter goldnem Herbst entgegen.
Die Reben reifen süß in seinem Segen,
Und leuchtend ruhst Du im vollbrachten Jahr.

Und still verklärt gehst Du zum Winter ein,
Träumst tief in Dich in diesen braunen Tagen
Und hörst entzückt Dein frühes Herz schon schlagen,
Denn Gott trug Dich in seinen Frühling ein.

Max Löwenthal

HIMMELFAHRT

Linden runden, was verblühte
Und die Wiese duftet Abschied.
Schmerzgebeugt trägst du den Rest
Der Verkleidung
Zu den Pelargonien oben.

Hans Faber-Perathoner

HÖHENFRIEDHOF IN SANKT ULRICH

Aus alten Kreuzen, schwarz und handgeschmiedet,
erhebt sich eins, von zarter Schrift vergoldet.
Clematis wuchert, blumenüberdoldet,
ins blaue Licht, das alles sanft umfriedet.

Dort ruhn sie, die vor mir auf Erden waren,
die stillen Mütter und die dunklen Ahnen.
Ein mildes Leuchten bricht von Felsaltanen,
und leise drängt sichs aus verklungnen Jahren.

Vom Kirchturmfenster schwärmen Dohlen aus,
ein sanftes Heute zeigt sich allenthalben.
Des Efeus Ranken ziehn ums weiße Haus,

und von den Wänden sprechen im Verfalben
die Bilder Gott aus, der stets schweigt und weiß.
Stumm nimmt er mich und schlingt um mich den Kreis.

BERGDORF

Hier stehn die Häuser mehr als sonst im Schatten
und sind doch täglich eingehüllt in Glanz.
Von Zirben und von Tannen schmiegt ein Kranz
sich schirmend an des Hochlands bunte Matten.

Der Herden Laut, der Glocken leises Bimmeln,
es dringt versonnen durch die hellen Räume.
Dort war mein Lager: meine ersten Träume,
sie sahn durch Blumen auf zu ihren Himmeln.

Begonien flammten auf dem Fensterbalken,
im leichten Takte schlug der Sensen Dengeln
zur Abendzeit, und alle Gipfel glühten.

Vom Hochwald drang der Schrei des wilden Falken,
und aus dem Gotteshaus, dem lichtumblühten,
vernahm ichs traumhaft wie das Lied von Engeln.

Martin Benedikter

FANES

Im Grün der Latschen
scheint der weiße Kalk
smaragdenhell.
Einsamkeit wird laut,
Jochwinde kräuseln,
aus dem Bergsee springt
ein Meer von Ringen,
Dohlenflug umreißt
gleitenden Schwungs,
verwirrt,
den tiefen Glanz.

Lilly von Sauter

KLEINE ALTE STADT
Meran

Die Stille nimmt mich leise in die Arme
Und löscht mich aus. Nur wie in einem Traum
Betritt mein Fuß den überwölbten Raum
Von schmalen Gassen. Später Sonne warme
Und goldne Tropfen fallen langsam nieder
Zugleich mit Glockenklang. Die Leute stehn
Ein wenig still, mir zweifelnd nachzusehn,
Als käme ich von langer Reise wieder.

Die Kirche auch hält ihre kühlen Hallen
Für eine Heimkehr offen. Meine Hände
Laß ich gefaltet dort. Am schönsten feiert
Den Abend lichter Weidenzweige Fallen,
Wie es sich neigt auf grauer Mauer Wände.
Dort ruht mein Herz aus, zärtlich grün verschleiert.

Anna Theresia Sprenger

Zum Timmelsjoch

Aus Apfelhainen, die nach Süße duften,
und Hängen, schwer von Wein und ersten Gladiolen,
trug uns der Wagen aus Meran in das Passeiertal,
wo in den Wäldern lichtes Grün sich mit dem dunklen
       mischt;
und jede Kehre wand sich höher aus dem Laub,
bis in das Almgrün sich der Farben Fülle wob.
Jetzt legten dunkel Zirben ihre Arme
um glatte Wände und den kahlen Fels,
der in den Tunnels mehr und mehr
vom Rinnsal der verborg'nen Quellen troff.
Und plötzlich wuchs das ew'ge Eis
vor unserm Blick, und eine graue Welt
stieg aus der fernen Tiefe –
in Form und Farbe vielgestalt
und warm umschleiert vom Gewölk,
das sich aus Abendglanz den Zauber holte,
in dem das Ewige sich mit der Sehnsucht bindet,
die in den Felsendomen an den Himmel rührt.
Nun war der Paß erreicht.
Den Glanz des Abends ließen wir zurück.
Im Ötztal lag der Zirbenteppich schon im Grau.
Soeben schloß der frühe Abend alle Blütenaugen.
Wir schwiegen, denn wir kosteten die herbe Würze,
bis Schwüle aus dem Talgrund uns entgegenstieg
und alle Firnenherrlichkeit
zurück in ihre Einsamkeit verwies.

Herbstmorgen auf der Seiseralm

Aus entwölkter Bläue steigt der Schlern –
gelassen wie ein Weiser – in den neuen Tag.
Die Sonnenfinger streichen zärtlich
über das Erwachen seiner Züge,
bis sich das Felsenangesicht
zu einem großen Lächeln hellt
und seine Majestät in diesen Herbsttag breitet.
Zu seinen Füßen brennen tausend Lärchenfeuer.
Ich stehe lang im Tau der braunen Wiesen
und koste die geliebte Stille,
an die nicht Vogelsang und Windhauch rühren,
und sehe zu, wie diese blumenlose Halde
sich mehr und mehr in einen Garten wandelt,
in dem nur noch das Gold in voller Blüte steht.

AUS DEM NOTIZBLOCK 1944

Bombengeschwader
durchdröhnen die Mittagsstille
und bohren in Wolkengebirge
immerzu Schächte,
die mit Schneeluft sich füllen.

In den Rissen der Straße
stirbt braun das Gold.
Doch im Sterben lächelt es noch
aus dem Schneesonnenspalt,
ehe die Flocke das heimlose Ende
in den Abend begräbt.

Wir warten und warten,
ob uns nicht doch verbleibe
ein Rest von dem Gold,
das die Truhe des Sommers gefüllt.

Aber nun ist wohl die Ernte vertan,
und ihr Brüder kriecht
ausgeplündert und wehrlos
in den Schatten der Zeit.

Die Klause wird Mahnmal.
Ihre Ruinen vergraben
soviel des sterbenden Goldes,
Daß die Truhe verarmt
und mit Schneeluft sich füllt.

Nach Hocheppan

Ausgebrochen bin ich
aus der Not der Bedrängnis
und geflüchtet in die abgedunkelte
Helle des Waldes,
wo Buchenzweige und Kastanienblätter
die Verletzbarkeit der Flügel
meiner Seele behüten.

Während ich träume von Glanz und Fehde
der Grafen von Eppan
und den byzantinischen Fresken
der Burgkapelle,
durchgleiten Rispen das Spiel meiner Finger,
und das verhaltene Lächeln der Sonne
rührt mich an mit dem Atem des Heils.

Wald, du Bild der Arme des Schöpfers!
Immerfort zeichne ich Bilder und meine nur Dich,
denn in den Wundern der Farbe
und im Spiel von Sonne und Wind
vermag Dich mein Herz zu erahnen.

In den Goldgefäßen der Spätlese
bringe ich dar den Gesang meiner Freude
über alle Geschenke der Herrlichkeit.

Ob demselben Spiele einstmals entsprang
das Lächeln von Boymont?
Ich könnt' es begreifen.

MONTIGGLER SEE

Mit einem Sonnenwort
hat der Schöpfer
den Spiegel gezeichnet,
der den Brunnen
deiner Beschaulichkeit
über dem Moorgrün versiegelt.

Fichten beschatten
die perlensträhnige Flut.
Segelschiffe malen sich bunt
in den Gang der silbernen Wellen.
Dem Schilfgürtel entlang
rudern Badegäste das Boot.
Kinder schlagen in die Wellen
und strecken jauchzend vor Lust
die Arme in den Gischt.

Doch das laute Getriebe
vermag die Unergründlichkeit
deiner beschaulichen Tiefe
nicht zu erreichen.
Alle aufgerissenen Kreise
erschließen sich lautlos
über verschwiegenen Gründen –
den seltenen, die noch verblieben,
das Geheimnis zu künden.

GEWITTER ÜBER EPPAN

Drängend kriecht das gelbe Gewölk
über den Durstbecher der Erde hin –
Rebstöcke ducken sich
unter den Donnerschlägen
in hilfloser Geste.
Und Blitze durchschneiden den Glanz
über goldhell greifter Traube.
Für Augenblicke erleuchten sie
die Verlassenheit des bebenden Hangs.

Dann schleust sich der Hagel
aus grauen Wänden
und taucht die gesegnete Schale der Frucht
in fahlgelbes Licht.

Da die Schleier sich wieder
bergwärts heben,
starren die braunen Hänge
wie verlorene Fragen
ins Leere.

Hans Fink

TÖRGGELEN

Hörbischtsunne
langer Schootn.
Schaugn, wie dr
Wein gerootn.
Giehmr törggelen!

Hötschepötsch und
Stupferniigl,
Dourngassn
Weingertstiigl.
Endlich seimer do!

In dr Stube
Nussn, Köschtn,
Weimer kemmin,
ganz die löschtn.
Bröetlen sein am Tisch!

As an Tumml
in die Krüege
rinnt dr Nuie
fast nou trüebe.
Koschtmer, wie dr isch!

Würschte, Spöck und
reife Ziigr,
Kraut und Gselchts und
Wein kimmp wiedr.
Sing mir amal oans!

Langsam wearn die
Zungen schware,
drinschaugn tüemer
aa schun staare.
Giehmr gscheidr hoam!

Kimmsche hoam
ingalling gsuntr,
schießt dr sicher
oaner unter:
»Törggelen gewö'n?«

Maridl Innerhofer

AF HOACHEPPAN

Afanr groubm Bonk
in Gartl va Hoacheppan –
die Welt dumadum in Ordnung:
blowr Himml
weiße Welklen
griane Paam,
ibr dr oltn Mauer
schaugg dr Fliedr her.
Nindrscht a Raach
nindrscht schnellts
dumadum Friedn.

Die Manndr zemm entn
af dr Bonk
redn va die Auto
und die Weibrleit – ibr mir.
Gott sei Donk!

Karl Felderer

DIE HEIMAT

Wohl ist die Welt so groß und weit und voller
                    Sonnenschein –
das allerschönste Stück davon ist doch die Heimat mein.
Dort wo aus schmaler Felsenkluft der Eisack springt heraus,
von Sigmundskron der Etsch entlang bis zur Salurnerklaus …

Wo König Ortler seine Stirn hoch in die Lüfte reckt,
bis zu des Haunolds Alpenreich, das tausend Blumen deckt.
Dort ist mein schönes Heimatland mit seinem schweren Leid,
mit seinen stolzen Bergeshöhn, mit seiner stolzen Freud …

Im Frühling, wenns im Tal entlang aus allen Knospen sprießt,
wenn auf dem Schlern am Sonnenhang der Winterschnee
                    zerfließt,
da fühl ein eigen Sehnen ich und halt es nicht mehr aus,
es ruft so laut die Heimat mich, ich wandre froh hinaus …

Wenn in der Sommersonnwendnacht das Feuer still
                    verglimmt,
weiß jeder, und das Herz ihm lacht, die Kletterzeit beginnt.
Von König Laurins Felsenburg so stolz und kühn gebaut
hab wohl von jeder Zinne oft die Heimat ich geschaut …

Dann kommt mit seiner Herrlichkeit der Herbst ins Land
herein
und alle Keller füllen sich mit Heimatfeuerwein.
Man sitzt beim vollen Glase dann und singt ein frohes Lied,
wenn in des Abends Dämmerschein der Rosengarten glüht …

Das Jahr vergeht, die Zeit verrinnt und leise über Nacht
deckt's Heimatland in Berg und Tal des Winters weiße Pracht.
Zu einem kleinen Hüttlein führt die Spur von meinem Ski,
und abends tönt vom Berg ins Tal ganz leis die Melodie …

Drum auf und stoßt die Gläser an, es leb' die Heimat mein,
die Berge hoch, das grüne Tal, mein Madl und der Wein,
und wenn dann einst, so leid mir's tut, mein Lebenslicht
erlischt,
freu ich mich, wenn der Himmel auch schön wie die Heimat
ist.

Fritz Arnold

BAUMBLÜTE IN SÜDTIROL

Atme ein
die Ströme von Duft!
Kann denn die Erde
herrlicher sein?
Alles im Blust
und ein zarter Klang
fernher aus Tagen
der Jugend –
Wind weht den Schnee
der Blüten ins Land,
Mohn hält die roten Becher,
unter den Sprossen der Rebe –
süß ist der Schlaf,
doch süßer noch
freudiges, großes Erwachen.

Erich Kofler

DREIKIRCHEN I

Immer wieder zurück zu
deiner grünen Wildnis ich kehre,
Heimatberg. Deine Füße
sind vom Eisack umspült.

Steil steigst du auf. Noch gürten
Reben dich und der Pflaumen
dunkles Gebüsch. Darüber ragen
mächtig der breiten Kastanien Kronen

hell hinein in den Wald. Föhren
tragen die rötlichen Leiber stolz, die
Fichten mischen sich schweigend darein
und silberne Birken.

Unter der Lärchen wehenden Fahnen
sitze ich oft und schaue ins Land.
Mir gegenüber die steinernen Burgen:
Sella, Langkofel und Schlern.

Tief im Tale das freundliche Klausen
blinkt herauf: eine Handvoll Häuser,
ängstlich aneinander gereiht im Schutze
heiliger Veste.

Dreikirchen II

Eingetaucht in die Stille
ist dein tröstliches Bild:
Wiesen und Wälder die Fülle,
Quelle, die heilsam rinnt,

Blick auf die fernen Zinnen,
die aus der Wälder Samt
einsam den Himmel gewinnen,
hell von der Sonne entflammt.

Tief im lieblichen Tale
Fluß und Stadt und Gericht.
Wie in goldener Schale
spiegelt sich heiter das Licht.

Heim kehrt das Auge wieder,
trunken von Ferne und Glanz,
senkt auf das Nahe sich nieder,
taucht in die Stille ganz.

Inniger liebt das Vertraute,
wer die Ferne gesehn,
und das ahnend Erschaute
bleibt als Bild ihm bestehn.

Herbstabend am Salten

Bleich steht der Berg im Dämmerlicht,
die roten Lärchen flammen,
und über braunen Wiesen bricht
der müde Tag zusammen.

Der Lärchen Brand verglüht. Die Nacht
schwingt dunkel ihre Flügel –
und bleicher steigt der Berge Pracht
auf über Tal und Hügel.

Im Hochgebirge

Versteinerter Schrei
der kreißenden Erde,
todstrenges Antlitz,
gemeißelt vom Sturm.

Dich zu ertragen,
wuchsen uns Wälder,
leuchten uns Blumen
und Gräser im Fels.

Tröstliches Blühen
im tödlichen Schweigen
zwischen den Wänden
der Einsamkeit:

Rätischer Mohn
und Zwergsoldanelle,
steingeborene
Kinder des Lichts,

euch zu begegnen
ist Gnade der Berge,
daß nicht das Herz vor
der Größe erstarrt.

DOLOMITEN

Erstarrtes Meer – mit steinerner Gebärde
hebst du den letzten Wellenschlag ins Licht,
daß er uns bleibe als ein Traum der Erde,
als ihrer Schöpfung herrliches Gedicht.

Verborgen glüht in dir seit Jahrmillionen
der edelsten Kristalle kühler Brand.
Ihr Leuchten lebt in deinen Felsenkronen
und hütet ewig das geliebte Land.

Frei streben himmelwärts die schlanken Zinnen.
Du trägst die Sonne in den hellen Tag,
und deine Türme stehn wie Königinnen,
unbeugsam in der wilden Wetter Schlag.

Wie du einst stiegst aus tiefem Meeresgrunde –
bleibst du ein Wunder uns im Abendglühn,
wenn in der sagenvollen Dämmerstunde
auf deinen Felsen Laurins Rosen blühn.

Dann rauschen tiefer deine dunklen Wälder,
ihr Schatten geistert auf dem bleichen Stein.
Du aber nimmst des Himmels Sternenfelder
in deine königliche Nacht hinein.

FANES

Uraltes Antlitz der Erde,
verwittert im Wandel der Zeit,
um deine Berge schauert
der Atem der Ewigkeit.

Geboren in Meeresfluten,
erstarrt zu steinernem Traum,
sind deine Felsen erhoben
wie gischtender Wogen Schaum.

Du trägst die Zeichen des Feuers,
des Wassers, der Gletscher Mal,
der Stürme zerstörende Wildheit,
der Blitze sengenden Strahl.

In steilen Halden zerbröckelt
der Felsen weißes Gestein,
doch überall kriecht dazwischen
lebendiges Grün hinein.

Ich stehe auf hohem Gipfel
und folge der Sonne Spur
und bin in deinem Antlitz
ein flüchtiger Schatten nur.

ROSENGARTEN

Über der Gipfel bleichem Feuer
kündet die Krone, sagenschwer,
rätischen Volkes Abenteuer,
schwebend auf dem Nebelmeer.

Geisterhaft steigt die Schicksalsstunde
aus der schwarzen Wälder Samt.
Laurins offene Herzenswunde
blutigrot in den Himmel flammt.

Grünliches Licht loht auf, und ferner
scheint die Krone dem Tage entrückt,
reitet im Kare der alte Berner,
zornig das goldene Schwert gezückt.

Unter dem Hufe sterben die Blüten,
während der Seidenfaden bricht.
Doch das innerste Reich behüten
furchtlose Zwerge im Abendlicht.

Rot schwebt die Krone über dem Dunkel,
Felsen verdämmern silbern und bleich.
Unter dem eisigen Sterngefunkel
träumt das heimliche Königreich.

AM SALTEN

Groß steht der Himmel überm klaren Land,
von Berg zu Berg unendlich weit gezogen.
Auf brauner Wiesen sanft gewelltem Bogen
die Lärchen stehn im herbstlich roten Brand.

Schon fühlt der Berg die Kühle ersten Schnees,
indes im Tal noch warme Winde quellen,
wo innig leuchtet zwischen Hügelwellen
das matte Silber eines fernen Sees.

Geh leise durch das Land. Der goldne Tag
ist dir geschenkt mit liebender Gebärde.
Leg hin dein Herz ans dunkle Herz der Erde
und fühle seinen müdgewordnen Schlag.

Jäh sind des Sommers Feuer ausgebrannt.
Ein letztes Leuchten glüht noch in den Bäumen,
als müßten sie von einem Frühling träumen,
der tief schon schlummert im verschwiegnen Land.

ABEND AUF DER MENDEL

Aus Lichtfontänen stürzte jäh der Tag,
verglomm am Hang und huschte schattenhaft
waldabwärts unter blauen Ahornbäumen.
Im goldnen Herbst zu gehn, an deiner Hand,
durch dies gelobte Land enthüllten Herzens:
versonnen schritten wir den Weg herauf,
so voll des Glücks, im Innersten verwandelt.

O Stunde reinsten Lauts! Gelöstes Ruhn
auf warmem Laube zwischen Tag und Dämmerung!
Ich schwieg und lauschte einem Vogelliede.
Indes ich sanft von deinen Lippen noch
das letzte Licht trank, neigtest du dich innig:
und dir nur offen, dürstend, Strahl auf Strahl,
empfing ich alle Feuer dieses Abends!

DOLOMITEN

Berge, magisch im Aufgang:
heranflutend Welle auf Welle,
Brandung aus Tang und Kalkgekrust,
gischtstarrend ans Himmelsgewölbe,
der Woge des Weltmeers feurig entstürzt!
Lavaströme und Gletschereis
haben euch gefinstert,

Jahrmillionen
donnern durch die Bronzeadern
eurer dunkelhäutigen Muschelleiber,
und nach Blut schmecken die
niederrieselnden Meteore der Raumnacht.

Kristallgebirge,
durchsprüht vom Sonnenatom:
Schöpfungsgezeiten
umbrausen wirbelnd Runenhäupter,
Sternatem streift flockige Triften,
sich wiegend raunen Gräser und Halme,
amethysten flämmert im
Schneemond die kindliche Soldanelle:
Botschaft des Paradieses von einst;
über tiefblaue Kare
schwingen die Adler des Hochlands.

Den es dürstet nach dem Geheimnis,
trinkt Tau aus Bechern der Anemonen:
topasfarbenes Elixier.
Innen aufgetan ist ihm der Blick,
entsiegelt der Mund
und erhört das pochende Herz
in der Gefahr eisigen Gipfelglücks!

Der Mensch aber, da er lärmend einbricht
in das Schweigen der steinernen Stadt,
zwischen Quadern der Vor- und Endzeit,
schlägt hin auf den tauben Geröllgrund,
jäh, antlitzlos: vom Gefälle überrollt.

Gabriele von Pidoll

Dreihundert Stufen über der Stadt

Dreihundert Stufen
über der Stadt
beginnt der Weinberg;
brütet die Stille
Stunde um Stunde
tausendbeerigen Geist des Jahres –
viele graue
Stufen über der Stadt.

Rebe, von frühen
Zeiten her trächtig,
demutvolle;
Trost ist in ihrem
Leib, ihren Armen.
Aufruhr
oder Erlösung.

Da, wo aus Türmen,
rosig und grauen
Kirchmauern dreihundert
schiefergeschichtete
Stufen steigen,
beginnt der Weinberg.
Schlaftrunkene Stille
sickert ins Blut
und lehnt heißwangig
im schweren Dunst.

HOCHSOMMER

I

In reifer Fraulichkeit,
wie dein Gewand sich wölbt,
Kastanie!
Schäumend vom Überfluß
des reichen Sommers,
verwandt den Wolken aus geballtem Glanz,
die überm drohenden Gebirg verweilen –
so rundet sich auf dunklem Blattwerk dein
erblühtes Prangen;
von heißer, atemloser Luft
wie von der Fülle deiner Zeit
umfangen.

II

Sommernachmittag –
durch das Weinlaub nur
sickert in den Raum
seine schmale Spur.

Grüne Dämmerung
füllt ihn, goldgetönt,
und das dunkle Lied,
das die Hummel tönt.

Wer, vom Felde heiß,
diese Stille spürt
und den Duft nach Holz,
den die Sonne schürt,

schließt die Augen, wie
da nach erstem Gram
seine Mutter ihn
in die Arme nahm.

KORTSCH

Hundert heiße
graugebrannte Mauern,
Treppenstufen
im gewachsenen Fels;
droben der Waal
spendet glückselige Überflut
des Wassers.

Sing, Grasmücke, sing
im Goldregen,
der regnet
über den Wegesrand;
sonst schlummert
alles ein
im Anhauch der Hitze.

Schlummert der graue Stein,
Hütten und Häuser tief
in den Gassen.
Und Sankt Aegidi,
der auf der Klippe wacht
hinter dem jungen
Laub der Kastanie.

HERBSTWEG

Den Brombeersteig
überm Weinacker gehn
im Oktober,
wo schräg das Licht
ins gelbrote Laubwerk fällt,
wenn das Rotkehlchen lärmt
in der Hecke,
und gellend
der Eichelhäher
aufschreit,
das ist mein Herbstweg,
der leiser
sich dann im Bergwald verliert
und abends
absteigt zu den Feuern,
wo die Kastanien
braten und prasseln
und wie Böller
knallend zerspringen ...
Die Hauswand zuckt
im Flammenschein;
dazwischen
fingern die Schatten
der frühen Nacht.

VINSCHGAU

Rätisches Tal,
deine Gemarkung zieht
lässig vorüber an unzerstörbaren
Heiligtümern,
die sich von deinen
Hügeln stumm in die Augen sehn.
Die wie Schiffe
fernher von kühner Fahrt
in deinen Buchten vor Anker gehn,
Boten
aus ewigem Meer.
Und seine lautlose Brandung schlägt
an den Fuß deiner Hänge.
Im Schutt
erglänzt der Schiefer.
Aus grauen Spiegeln
sieht dein Himmel dich sinnend an.
Über dem jungen
Fluß erheben die Häupter
greiser Gebirge den Scheitel,
und der Wind
ohne Anfang und Ende
durchschauert dich.

WINTERMORGEN

Im wilden Hopfen
hängt der verblühte Mond.
Zartes Gespinst aus Flaum
schaukelt im Morgenwind.
Nebel füllt
die Wiege des Tales.
Aus den fernen
Augen des Lichts
lächelt es mütterlich,
rötet das wolkige Fell,
unter dem sich der Tag
schon regt
mit erwachenden Sinnen.

DER TSCHÖGGLBERG

So ist dein Gebein:
im Ofen
der Erde gebacken,
ein blutrot
aufquellendes Magma.
In Kuppen
liegst du gerundet
über den Wäldern
und tiefen Schluchten,
porphyrener Rücken.
Einsam sind deine
stundenlangen
Wege unter den Lärchen,
vom Heidekraut
gesäumt wie von Purpur.
Du kennst aber auch
das Menschengetümmel
von den verschollenen
Märkten auf der Lafénn.

Nun steht sie
allein, unter deinen
verstreuten Weilern
Mitte und Traum.
Aus riesigen Wäldern,
wo noch vor hundert
Jahren der Wolf daheim war,
dehnen sich
deine Almen
unbegrenzt einem Himmel
     entgegen,
aus dem die Bläue
des Enzian dunkelt.
Bleib dein Herr,
wie du immer warst,
und gedenke
mein, denn du bist
wie ich
aus Feuer und Erde.

Dorothea Merl

Himmelfahrter Deckengemälde

Ziehen nachts die Wolkenungeheuer
und die wilde Jagd der Hexen
schüttern Donner, züngeln Blitze
und das Kind im Bette zittert,
leuchtet's durch die Fensterläden,
fährt der Schein entlang der Decke:
Winden Blumen sich aus Schnörkeln,
drehn Girlanden um die Balken –
lieblich wiegt sich Sankt Maria
in den bunten Arabesken.

Wandert mählich das Gewitter,
tropft der Regen seine Weise
und das Kind schläft ein.
Zärtlich wiegt es Sankt Maria
in den bunten Arabesken.

FRÜHLING AN DER ETSCH

Weiße Blüten ziehen über den Spiegel
des Schlosses und der Wolken im Algengewässer.
Weiche Lippen auf dem Flaum der Wangen,
Duft der Apfelblüte im Haar,
die glänzenden Lanzen der Gräser
zwischen den Zehen,
Porphyrsand.

Dort, wo der Deich nach Norden wendet,
das Zigeunerlager,
braune Kinder,
ein grauer struppiger Esel,
bunte Falbelröcke.

Hocheppan, Maultasch, Korb, Beaumont
– über dem Schaum der Bäume
die klare Bläue des Himmels.
Weiße Blütenblätter
ziehen meine Tage
über den Spiegel des Algengewässers.

Franz Tumler

DIE TÖLL BEI MERAN

Nie mehr die überwundene Talstufe der Töll zu sehen
die plötzlich zierlichen Gebäude der Kalköfen
das vom Flugkalk bestaubte Laub
die Gebäude: Hüttchen bestrichen beflogen von Kalk
das Laub: rostig zähnig verfault von Kalk
Milch Vorahnung von Eis und
scharfer Wind biegt die Gräser

nie mehr gegen den Wind den Hut halten
Kalkstaub von hinten von der Töll
vom Hutrand bläst ihn der Wind

nicht zu vergessen das Flußaufrauschen Etsch
ein Steinekollern weil schnellziehender grüner Fluß.

Kuno Seyr

SANKT OSWALD IM FRÜHLING

Wie schön das Land! Am Porphyr treibt
die Eiche und der Judasbaum!
Die Kirsche blendet, jede Staude zeigt
sich unverhüllt und wie im Traum.

Das Frühjahr unverhofft und jäh,
vom Hügel springt's mit weiß und roten Splittern,
so helle Blüten, so ein grünes Gras,
wie läßt uns das im Innersten erzittern!

Mein Gott, wie mußt Du mächtig sein,
daß Du uns solche Zärtlichkeit erfindest,
das wird wohl Deine große Liebe sein
mit der Du alles Böse überwindest!

NACHT BEI MERAN

Der weiße Mond geht von Haus zu Haus.
Unter Reblauben träumen zerbrechliche
Vögel schwere Träume. Das Glas
ihrer Flügel zittert und trägt
einen leisen Ton die Hügel aus.
Fern schlägt ein Hund an und weint
grüne Splitter in die Nacht.
Ich gehe vor's Haus, es pendeln mir
sanft die Arme im Abendwind.
Im Feigenbaum schlagen die blaugrünen
Früchte gegen das Holz.

HEIMATLICHER HERBST

Dieser blaue Himmel
und die Hügel darunter!
Schwer trägt die Rebe
am roten Herbst,
schwer die Frauen
an der Liebe des Jahres.
Eingefahren wird
im Früchtefallen
unsere Hoffnung.
Auf lastenden Fuhren
reift eine heimliche Trauer.

Luis Stefan Stecher

VINSCHGAU

Nie
ließ mich
vergessen der Glanz
ferner Inseln
die Wurzel,
Tal meiner Kindheit,
dein
Licht.

MIAR KORRNR SAIN IOO AA LAI LAIT

Miar Korrnr sain ioo aa lai Lait,
it lezzr untit pessr,
unz Wossr assn Punipoch
isch aanit wolta nessr,
assas Wossr assan waltschn Säa,
lai huamalaz holt mäa.

Unt Korrn isch Korrn, isch ollm lai Korrn,
it gräassr untit klianr,
unta Schnäabl afdr Molzr Hoad
isch aanit wolta schianr,
asswia int Waltsch dr nuie Schnäa,
lai huamalatr mäa.

Unt Noat isch Noat, isch ollm lai Noat,
it foastr untit ermr,
unt dr Ouwrwint int Waltsch drniid
isch aanit wolta wermr,
assdr Hoadrwint, deer tuat uam wäa,
lai huamalatr mäa.

Siegfried de Rachewiltz

HOCHEPPAN

Da schloss ich die augen
zu folgen dem rascheln des mantels
hügelauf über glattes gestein
karrengefurchtes rätselspiel,
so schmiegt sich stein am stein –
blätter und beeren lagen am weg
wie schmuck
verschüttet von hastenden räubern

und hörte den nebel
wie er uns überholte
rasche liebkosung
kalt und
plötzlich
wie eine hundeschnauze,
den rücken rieb, zerstob
und ich sah Hocheppan
über einer woge von wein
zerrissene mauern

und auf den mauern Dietrich,
Dietrich mit kastanienaugen
vom hirschen gelockt
auf windgewaschenen mauern …

ich hörte die ziege singen
hörte karten auf den tisch klatschen
und folgte hinein
in den täglichen sonntagnachmittag.

Peter Lloyd

LAURIN

Wo bleibst du Laurin –
dein rosengarten am abend
hat seinen duft vergessen
sein glanz erhellt nicht
deinen verstohlenen reigen
und die scharen deiner krieger
schreiten nimmermehr
im blau ihrer rüstungen;
das gleißende seidenband
zeugt nimmermehr von deiner fabelwelt –
auf den steinhalden
nicht einmal eine
geknickte rose.

Konrad Rabensteiner

LAURIN 80

Er sitzt steil überm Land.
Die Zeitfahne knattert
verwirrende Sprüche
um seinen Steinrosentraum,
während sein Zwergheer
auf andren Planeten sich tummelt.

In seine Mantelfalten
schlagen Freunde und Feinde
eiserne Haken
und ziehen sich hoch
bis in die Krone.

Es hat die Sage
zum Glück
die Schmucksteine versteckt
und ihnen die Augen verhext
bis zum Anbruch
der nächsten Rosenzeit.

MENHIR IN VILLANDERS

Hier umwirbt Eichengebüsch
das Schweigen.
Nur Krähen ziehen vorbei,
wenn die Gezeiten
der Landschaft Nebel bringen.

Durchs dunkle Geäder
rast noch lebendig
die Zeit der Kämpfe bei Vollmond
bis an die Schwellen zum Licht
und hört auf,
bevor noch ein Schrei
Atem holen kann.

Und das blicklose Haupt
neigt sich verschlossen
beim Anflug der Eulen.

Die Tage gehen vorbei
und werfen die Stunden
ins süchtige Moos.

ALTE STADT

Die braune Haut
der gefesselten Landschaft
im Stein der Stadt
ist spröde geworden
vom Regen vieler Herbste.

Stunden gingen vorüber,
schwarze Pilger mit Fingern aus Glas,
und Dirnen zersangen
die Liebe des Königs
mit allen Zikaden der Welt.

Überm lehmigen Fluß
sterben Bilder wie Falter im Herbst.
Und niemand ist da,
den Kindern zu sagen,
wie schön die Farben gewesen.

Christine Haller

BRIXEN

Enge Gassen,
Pflasterstraßen,
Geranien im Rinnstein,
die jemand verlor.

Spitzbögen und Türme,
ein Schwall Wärme
ficht sich durch Gänge
voll Dämmerlicht.

Stumme Brunnen im Winter,
scherzende Kinder
dem Wind nachjagend,
der in jeder Ecke sitzt.

Sachte schlürfender Fluß,
es scheint, er muß
flache Bachsteine liebkosen,
ihnen Färbung verleihn,

grüne Patina den Brückenpfeilern
und entschleiern
dem Sand sein seidiges Grau,
alles Laute besänftigen.

Ein Engel von Marienberg

Lange stehst du im Bann ihrer Augen,
Die dir Verweilen und Stille befehlen, –
Doch dann ist dir als löse sich einer
Aus dem Verband der anderen Engel
Und führe dich behutsam und leicht
Auf der Herrlichkeit seiner Flügel
Hinaus in dieses gesegnete Land,
Tauche dich sanft in die schneeweiße Woge
Rosa behauchter Apfelblüten,
Kühl und glatt gleich der Haut kleiner Kinder,
Solange sie noch in den Wiegen träumen
Und das fordernde Leben draußen steht.

Komm jetzt mit mir, sagt der Engel später:
Er trägt dich in einen unsäglichen Herbst,
Der in Kastanienkronen nistet,
Früchte sammelt und Trauben keltert,
Und noch im bitteren Feuergeruch
Eine Abschiedsspur durch die Täler zieht.

Kannst du die Schönheit in allem erkennen,
Fragt dich dein Engel und lächelt leise:
Norden und Süden gebündelt im Antlitz
Eines sehr kostbaren einzigen Landes!
Du spürst den leichten Flügelschlag,
Erquickung und Frieden strömen dir zu,
Und es ist, als weise er dir
Mit hilfreicher Hand Wege der Heilung.

Gottfried W. Stix

ANSITZ GIOVANELLI

die ahnenbilder
im saal und einer sitzt da
vergilbte briefe
vor sich die er neugierig
öffnet und ungestört liest

acht schläge vom turm
hell und dunkel im zimmer
ächzt die kommode

alte gesichter
folgen dem fremdling ein hauch
von purpur und plüsch
längst verlorene tage
kehren in träumen zurück

ABWENDUNG
UND WIEDERKEHR

Gerhard Kofler

IN BRIXEN LEBEN (ZUM BEISPIEL)

ich atmete Neruda, entdeckte Lorca
spazierte mit Alberti unterm arm
und so wurde ich im feuchten dunkel
unter den lauben nicht jener blasse
kanarienvogel im käfig oder
eine andere verwelkte metapher
zwischen den verrosteten ethnischen gitterstäben

VIVERE A BRESSANONE (PER ESEMPIO)

respiravo Neruda, scoprivo Lorca
passeggiavo con Alberti sotto il braccio
e così tra i portici nel buio umido
non diventai quel pallido
canarino in gabbia o qualche
altra metafora appassita
tra le arrugginite sbarre etniche

DES BESCHEIDENE

des kloane, des stille
des bescheidene
hom ins die lehrer
ungepriesn als obs
olleweil a gfihl
wia in der weihnochtskrippn
gebn kannt.
des kloanschte stadtl
auf der welt isch inser Glurns
hom se gsogt
und des kloanschte biachl
isch des Vaterunser
in der Neistifter
kloaschterbibliothek.
gonz winzige
vorstellungen,
ober dorin holt
die erschtn sein.
in galling
isch mer ober
virkemmen
daß man so
decht olleweil wieder
als erschte
zu kurz kimmt.

Norbert C. Kaser

STEGENER MARKT

ausgabe 77

weinen will ich weinen um den groeßten markt tirols.
leute zuhauf menschen auch ... nix weiter.
der markt aber schreit nicht mehr.
kinderaugen verlaufen sich nicht am tuerkischen honig.
automatisierte schausteller.
wo? wo die schwerversehrten bettler
        die gaukler schwindler feuerfresser
        die heilgenbildchen wundermittel
        die tiger panther rotarschaffen
        die dickste ziehorglerin der welt
        koeschtnbrater bauernfaenger riesenschlange
        steilwandfahrer tanzbaer akrobat

fade sind die waren ohne salz
    daß sich die plastikblumen schaemen.
die tupfer fehlen im gewog gewurle & geschehen.
doch ueber allem schweben vom bierzelt aus
    die schwaden massenhaft
massakrierter huehner dem dorfe stegen zu.
weinen will ich weinen & find
    das schneuztuchmanndl nimmer
mit seinem song:

      eins fiers moidile nannile joggile seppile tresile
               moidile nannile joggile seppile
               moidile nannile joggile
               moidile nannile
               moidile

plaerren kannt'i!

281077

KRAHMOOS II

allein durch diesen wald gehen
ueber die tauenden
aecker
im schnee den dreck von
den schuhen
streifen

dann der sumpf
hart gefroren
brechendes eis an den raendern
grasbuckel auf steinerner
erde
fahles gelbes totes
gras

von buckel zu buckel
springen
ein loch treffen
in den fueßen naß
werden
den fotoapparat
im zweifel schwenken

alles da

noch ist alles zu frueh
die wenigen voegel
sind ueber den winter
geblieben
wie in dummheit
stehen die duerren foehren
herum
das eis schwitzt

bald wird es sein
daß das moos voll ist
& der wind zum kleinen
wellenkraeuseln kommt

aus dem Wald
rinnt schmelzwasser
ein
stetig
mit alten nadeln

die sonne wird steigen
waermen die laichschnuere
der mond dann die umarmten
kroeten

licht faellt ein

210373

Sepp Mall

LIEBESLIED I

Landschaft
die aus Abwesenheiten besteht
da / ein Baum
dort du
Tiere hingeduckt unter Sträuchern

Meine Heimat sind Flurnamen
die ich im Traum
hersagen kann / verblassende
Fichtennadeln / in meinen Schuhen

Oder: die Blicke hinauf
zu erleuchteten Fenstern
ich weiß / was drinnen
vor sich geht

LIEBESLIED III (FÜR K.)

Nichts / ist passiert

Aber immer noch / das kleine
Erschrecken
wenn irgendwo / im Haus
eine Tür / ins Schloß fällt

Das Zittern auf der Zunge
das die Silben / verstümmelt
Wie lange / wird das noch
dauern

Bis jeder Ort
seinen Namen hat / jedes Wort
sein Revier

Ernst Rech

LICHTMESS

Neuschnee hat die Nacht geworfen,
weit über Land.
Aus den Haufen steigt ein Dämmer,
glasklar kalt.

Durch den Steinweg gehen sie,
grau vermummt,
dünnem Glockenklang entgegen,
dort vom Felsen her.

Frostrote Hauswurz quillt aus dem Stein,
erste Helle zu haschen,
Waldrebe, Zottelkopf, schlingt sich zum Tag,
drunter die Schwanzmeisen rätschen.

Durch die Steinterrassen steigen
sie zum Sonnenberg.
Hoch in den Kastanien wiegt sich
kleiner Morgenmond.

Droben, wo vom Sonnenberg
Sankt Ägidi steigt,
zünden sie die Feuer an,
und sie gehn hinein,

Lichter in der Finsternis
weihen sie.
Eine Frau tritt vor mit ihrem
kleinen weißen Kind: Marie.

Morgenmond sinkt überm Turm,
schon ist er entschwunden.
Untergehen muß er, um zu
vollem Licht zu runden.

SCHLAFLIEDCHEN

Kindlein schlaf ein,
bald scheint der Mond herein,
der Mond rollt bald
übern schneeweißen Wald
und schaut durch die Bäume herein:
Kindlein schlaf ein,

Kindlein schlaf ein,
dann hoppeln die Hasen herein,
die Hasen, die tanzen im Schnee,
aus dem weißen Wald springt ein Reh
durch die Bäume herein:
Kindlein schlaf ein,

Kindlein schlaf ein,
dann schleicht auch der Fuchs herein,
der Fuchs mit dem feurroten Schwanz
hüpft herein in den Tanz
und der Schneemond summt drein:
Kindlein schlaf ein,

Kindlein schlaf ein,
wenn Hasen und Fuchs ringelreihn,
spielt das Reh mit dem Stern,
sinkt der Mond in den Traum,
sinkt der Wald mit hinein,
du schläfst ein.

PLANÓAL

Ihr Sonnenfest feiern die Gipfel zu Ende,
bevor sie Septemberschatten
überwächst.

Noch enger
drücken sich
die grauen Schindeldächer
an den Turm
und rauchen fröstelnd
in den Dämmer;
bockig stockt
die Horde Ziegen
in der Gasse;
Weihrauchstille:
lächelnd schaut
aus düstren Bildern
der Tod;
doch draußen lärmen die Kinder
und treiben die Geißen
zum Stall,
und hinten
im dunkelnden Acker
gräbt rastlos ein Weiblein
das Leben,
steigt aus der Nacht
ein weißes Wild,
das hier noch
heimisch ist.

KATTELE

Wenn du fria zmorget in Bettstattl singsch,
    Kattele, Kattele,
nor drwoch i und woaß: mei Tramvëigele
hot dr Tog in sei Vouglsteig gfongen.

Und wenn di di Mama in Mittóg auilupft
    – Kattele, Kattele –
nor glenzn zwoa fuirroate Wongen;
i woaß, du Marienkeferle:
dia Sunn, dia Sunn mechsch drlongen.

Und sein dir aft nocht di Aiglen zuagongen,
    Kattele, Kattele;
nor woaß i, mei Maisl: ietz hot di dr Tram
mit an goldenen Speckschwartl gfongen.

PLAWÉNN

Zurückgezogen in die höchste Mulde Licht
weit droben, bei den letzten Lärchenbränden
und hinter dein rotes Schlößlein geduckt,
schaust du herunter ins Land:

in den weiten lichtrauchenden Herbst,
zu den schellenden Herden: seine stille Trauer,
und Haflinger trommeln über die Haide
hell wiehernd der Braunen, Schwarzzopfigen zu.

Am Abend, wenn Oktoberschatten steigen
und wenn der Wildbach weiße Kälte bringt,
treibt sie die Kühe heim. Herbstfeuer rauchen,
und aus dem Lärchengelb löst sich ein Mond.

Und von den Äckern kommen sie, verfroren,
die roten Erdäpfel im Protzen,
und gehn ins warme Licht, wenn draußen
die Finsternis aus allen Tälern steigt.

Ob sie schon schläft, die schwarzzopfige Braune –?
Die Nacht ist voll Lärchenfeuer,
und über dem schwarzen Schindelgedächer
hüpft tanzend der Mond auf den Zinnen.

In Bozen

Tritt aus den dämmernden Lauben,
Glanz fällt in dein Gesicht.
Tiefer spürst hier du das Leben,
Vergängliches hat kein Gewicht.

Rot in den Abend gezeichnet
Gärten aus Rosen und Stein.
Schwermut löst sich und Trauer
sanft betrogen vom Wein.

Tritt in die dämmernden Lauben,
wenn dich der Herbstwind streift.
Wünsche verglühen wie Trauben
schweigend zu Ende gereift.

Angela Nikoletti

SONNENSCHEIN

Lach du Sonnenschein
in mein Herz hinein.
Mach es wieder hell,
du, des Lichtes Quell.
Und du, Himmelsblau,
bann das Alltagsgrau,
weck mir Frühlingslust
in der müden Brust.

Silberbächlein toll,
Übermutes voll,
hüpf mir übers Herz,
töt den Winterschmerz.
Ström den Frühling ein,
Silberbächlein rein,
mach es wieder hell
klarer Felsenquell.

HORCH HINAUS!

Wenn das Abenddämmern schwebet
um die Fluren und Gehänge,
horch hinaus dann weit zum Fenster,
wehen fühlst du Heimatklänge.
    Horch hinaus!

Tief und herb in Frühlingslüften,
weh und süß im Amselsingen,
wonnigwohl in Blumendüften,
lieb bekannt im Geigenklingen.
    Horch hinaus!

All das will so lieb dir senden
Grüße aus der fernen Heimat,
wo es auch jetzt blüht und tönet
frühlingsfroh im Abenddämmern.
    Horch hinaus!

EIN BISSCHEN FRÜHLING

Ich sitz' am Fenster
und sinn' und träume
so einsam, stille.
Ein bißchen Frühling
möcht' ich auch haben
in meinem Leben.

Die andern eilen
hinaus ins Freie,
doch ich bin krank.
Möcht' mit den Bienchen
und mit den Vöglein
zum Himmel schweben.

Dort oben wäre
ganz sicher immer
ein bißchen Frühling.
Ein ew'ger Frühling,
spricht meine Hoffnung
mit Zuversicht.

Drum sei nicht traurig
ob deinem Schicksal
und weine nicht.
Denn balde, balde
blüht dir ein Frühling
im ew'gen Licht.

EPILOG

Hubert Mumelter

In der Sommernacht

Freunde, in die Nacht versunken
um des Windlichts goldnen Raum,
leert die Krüge, schenkt euch trunken
ein von eurer Seele Traum!

Was ist unser noch an Leben
als solch Brüderschaft beim Wein?
Nichts erniedrigt, was wir geben:
Feurige beim Feuerschein

einer Erde, die im Brande
ihrer Tempel untergeht.
Traut dem Engel, der am Rande
aller Menschenschande steht!

Hebt den Becher ihm entgegen,
daß er uns sein Lächeln weist!
Brüder, laßt uns stets verwegen
glauben an den heilgen Geist!

ANMERKUNGEN

WALTHER VON DER VOGELWEIDE

Zwischen 1170 und 1230. Er ist der größte deutsche Lyriker des Mittelalters. Sein Geburtsort ist unbekannt, wenngleich einige Indizien auf Südtirol verweisen. Urkundlich wird er ein einziges Mal 1203 bezeugt. Seine Ausbildung erhielt er am Hof zu Wien, wo Reinmar von Hagenau sein Lehrer war. Seit 1198 tritt er als Wanderdichter in die Dienste verschiedener Herren. In seinen politischen Sprüchen dient er aufeinanderfolgend den Herrschern Philipp von Schwaben, Kaiser Otto IV. und Kaiser Friedrich II. Von Friedrich erhält er nach Jahren ein Lehen in der Nähe von Würzburg, wo er verstorben sein dürfte. In seiner Elegie entwirft er wehmütig ein Bild vom Land seiner Kindheit. Dürfen wir darin Südtirol erkennen?

RUNKELSTEINER FRÜHLINGSLIED

Die Verse befinden sich über der Eingangstüre vom Söller zum Ostpalas. Verwitterung hat sie zum Fragment gemacht. Aber aus den verbliebenen Worten klingt uns der ganze Jubel über die Schönheit des Landes entgegen, in dem der Frühling aufbricht.

OSWALD VON WOLKENSTEIN

Als Sproß eines Ministerialengeschlechts wurde Oswald 1376 (oder 1377) auf der Burg Schöneck im Pustertal geboren. Mit zehn Jahren bereits bricht er in die Fremde auf, ein abenteuerliches Leben führt ihn durch ganz Europa. In seinen Liedern werden die einzelnen Wegstationen deutlich. Nach der Rückkehr in die Heimat greift er oft nicht sehr glücklich in die Streitigkeiten zwischen Landesfürst und Adel ein. Sein »Greiffenstein-Lied« gibt davon Zeugnis. Erst

1427 kehrt er auf sein Schloß Hauenstein am Schlern zurück, wo er das Kommen des Frühlings, heimisch geworden in Landschaft und Umwelt, voll Glück und Jubel erlebt.

Georg Rösch von Geroldshausen

1501 bis 1565. Einem unterfränkischen Geschlecht entstammend, das im 15. Jahrhundert in Tirol ansässig geworden ist, wurde er zuerst Schullehrer, dann Landesbeamter in Lienz. Ihm ist die Einrichtung der ersten Druckerei in Tirol zu danken. In seinem »Tiroler Landreim« preist er das Land und seine Erzeugnisse in Bergbau und Landwirtschaft, Weinkultur und Gewerbe im Ton der Meistersinger.

Johann Friedrich Primisser

1757 bis 1812. Sohn eines kinderreichen Webers in Prad am Fuße des Ortlers, trat nach Studien in Innsbruck in den Staatsdienst ein. Zum Dichten bedurfte er stets eines äußeren Anstoßes. Zur Zeit des Franzoseneinfalls im Jahre 1796 entstand sein bekanntestes Kriegslied.

Ludwig Tieck

1773 bis 1853. Zusammen mit seinem Freund Wilhelm Heinrich Wackenroder formulierte er in den »Herzensergießungen eines kunstliebenden Klosterbruders« 1797 eine religiöse Kunstauffassung, die zum dichterischen Bekenntnis der deutschen Romantik geworden ist. In Dramen, Romanen und Novellen hat er von seiner Einstellung zur Kunst Zeugnis abgelegt. Das Gedicht »Bozen« ist auf einer Reise nach Rom im Jahre 1805 entstanden und in dem Zyklus »Reisegedichte eines Kranken« erschienen.

JOSEPH VON EICHENDORFF

1788 bis 1857. Aus schlesischem Adelsgeschlecht geboren, machte er die Befreiungskriege bei den Lützowschen Jägern mit, doch seine besondere Sympathie galt dem Tiroler Freiheitskampf von 1809, über den er durch seinen Bruder, der in österreichische Dienste getreten war und viele Jahre in Trient wirkte, bestens unterrichtet war. In seinen Gedichten auf die Tiroler Freiheitskämpfer drückt sich Anerkennung und Bewunderung für das einfache Tiroler Volk aus.

AUGUST VON PLATEN

1796 bis 1835. Als Graf von Platen-Hallermünde 1796 in Ansbach geboren, verstarb er nach einem ruhelosen Leben, das stets zwischen Deutschland und Italien eine Heimat suchte, 1835 in Syrakus. Er ist der vielleicht größte Formkünstler unter den deutschen Lyrikern. Sein Gedicht »Hier, wo von Schnee der Alpen Gipfel glänzen …« findet sich ohne Titel unter seinen »Sonetten«. Aufgrund von Tagebucheintragungen aber läßt es sich auf Brixen beziehen.

HERMANN VON GILM

1812 bis 1864. Aus alemannischer Familie kommend, wurde Gilm 1812 in Innsbruck geboren, wo er seine juristischen Studien ablegte und dann in staatliche Dienste trat. Seine Laufbahn führte ihn nach Schwaz, Bruneck und Rovereto, wo er überall mit Volk und Landschaft in engem Austausch stand. Davon geben zahlreiche seiner Gedichte Zeugnis. Auch seine »Tiroler Schützenlieder« beweisen, wie eng er sich mit Tradition und Brauchtum des Landes verbunden sah.

JULIUS MOSEN

1803 bis 1867. Im Vogtland geboren, wurde er 1834 Advokat in Dresden, wo er mit Ludwig Tieck in engem Verkehr stand, der ihn für das Theater begeisterte. So wurde er von 1844 bis 1848 Dramaturg am Hoftheater in Oldenburg, wo er nach langem Siechtum verstarb. Eine Italienreise führte ihn 1830 durch Tirol. Damals dürfte er mit Leben und Schicksal Andreas Hofers bekannt geworden sein. Sein »Andreas-Hofer-Lied« wurde zur Tiroler Landeshymne.

JAKOB PHILIPP FALLMERAYER

1790 bis 1861. Der Bildungsweg des in Tschötsch am Pfeffersberg bei Brixen Geborenen führte nach Bayern, wo er zuerst in Landshut, dann in München als Forscher und Lehrer tätig war. Neben seinen geschichtlichen Studien, die allseitige Anerkennung erlangten, fanden vor allem seine drei Orientreisen, von denen er in seinen »Fragmenten aus dem Orient«, 1845, berichtete, die höchste Beachtung breiter Leserkreise. Seine Prosa gilt als ein Meisterstück. Besondere Innigkeit erfährt sie, wo er sich in der Fremde der Südtiroler Heimat erinnert. Ganz von selbst erhebt sich die Prosa zu lyrischem Wohlklang.

ADOLF PICHLER

1819 bis 1900. In Erl geboren, studierte er in Wien Medizin, wurde 1848 Hauptmann der Akademischen Schützenkompanie an der Südtiroler Grenze gegen Italien, kehrte dann als Gymnasiallehrer für Naturgeschichte nach Innsbruck zurück, wo er später die Lehrkanzel für Geologie und Mineralogie begründete. Neben seinen wissenschaftlichen Aufgaben, die er sehr ernst nahm, lebte er der Dichtung. Dramen im klassischen Stil, Erzählungen aus dem Tiroler Leben in Vers und Prosa und literarhistorische Studien bestimmen sein Werk. Die Lyrik tritt dagegen, mit Ausnahme der Frühzeit, zurück. Der Preis des Landes steht auch in den Versen im Vordergrund.

Josef Viktor von Scheffel

1826 bis 1886. Der Bildungsweg des in Karlsruhe Geborenen führte über München, Heidelberg und Berlin zuerst in politische Dienste, doch schon 1853 gab er den Staatsdienst auf, um ein Wanderleben als freier Schriftsteller zu führen. Seine Verserzählung »Der Trompeter von Säkingen« und sein Roman »Ekkehard« wurden größte Bucherfolge. Sein Wanderleben führte ihn auch nach Südtirol, wo er von Runkelstein die Weite des Etschlandes und seine prächtigen Weine genoß.

Ignaz Vinzenz Zingerle

1825 bis 1892. In Meran geboren, studierte er zunächst Theologie in Trient, dann klassische und moderne Sprachen in Innsbruck, wo er 1859 zum ersten Professor für deutsche Philologie bestellt wurde. Er sah seine Tätigkeit ganz in der Nachfolge der Brüder Grimm, sammelte Märchen und Sagen und edierte alte Texte. Daneben lief auch ein eigenes dichterisches Schaffen, wobei er sich gerne in den klassischen Formen bewegte, in die er Erscheinungen der Tiroler Landschaft und des Tiroler Lebens einkleidete. Die Distichen »Kotterer Hof bei Meran« sind ein sprechendes Beispiel.

Paul Heyse

1830 bis 1914. In Berlin geboren, wurde er 1854 von König Max II. nach München berufen, das ihm bis zu seinem Tode zur Heimat wurde. Er sammelte um sich den »Münchener

Dichterkreis«, der in der Zeit der Auflösung strenger Formen die Pflege der klassisch-romantischen Tradition zu seiner Aufgabe machte. Heyse weilte viel in Südtirol, schrieb einen ganzen Zyklus »Meraner Novellen«, in denen er Volk und Land verherrlichte. Auch seine Lyrik gibt diesen Erfahrungen Ausdruck.

BRUDER WILLRAM

1870 bis 1939. Bruder Willram ist das Pseudonym für Anton Müller, der in Bruneck geboren wurde, aber den größten Teil seines Lebens als Religionslehrer und Prälat in Innsbruck zubrachte. Dichten war ihm ein Vergnügen. Aus dieser Freude am Wort entstanden eine Reihe von Lyrikbänden, Reisebüchern und epischen Versdichtungen. Alles ist mit einem Tropfen pädagogischen Öls gesalbt. Er selbst war aber keineswegs ein Lebensverächter, Wein und Minne waren ihm nicht fern.

KARL DOMANIG

1851 bis 1913. Der aus Sterzing Stammende studierte in Innsbruck und Rom und trat in Wien in den Kreis um Richard von Kralik ein. Im Geiste des Gralbundes bemühte er sich um eine Erneuerung der katholischen Weltanschauung, die er in Erzählung, Drama und Gedicht vertrat. Die balladenhafte Erzählung »Der Richter von Toblach« kann als sprechendes Muster gelten.

GERHART HAUPTMANN

1862 bis 1946. Im freien Schlesien der Vorkriegszeit geboren, stirbt er im verlorenen Schlesien in der Zeit nach dem Zweiten Weltkrieg. In diese ungeheure Spanne Zeit fällt ein großes Werk an Dramen, Erzählungen, Versepen und Traumgeschichten, die stilistisch vom Naturalismus bis zur Erneuerung klassischer griechischer Stoffe reichen. Die Lyrik spielt in diesem Werk nur eine untergeordnete Rolle. Das Gedicht »Blick auf Bozen« gehört in die Frühzeit, in der er 1883/84 als Bildhauer in Italien lebte.

RICHARD DEHMEL

1863 bis 1920. Die Lyrik des von Nietzsche Beeinflußten und mit Liliencron Befreundeten besitzt etwas von dem rauschhaften Lebensgefühl, das aber durch die strenge Form gebändigt wird. Die Verse »Hochfeiler am Brennerpaß« sind Teil eines Gedichtzyklus »Eine Rundreise auf Ansichtspostkarten«. Zwischen 1899 und 1902 war Dehmel auf Reisen in Italien und Griechenland, die ihn auch über den Brenner führten.

STEFAN GEORGE

1868 bis 1933. Durch strenge persönliche Zucht und die Schule der französischen Symbolisten wurde George zu einem Vertreter der Formkunst, die er mit priesterlicher Geste zelebrierte. Ein Kreis von Jüngern umgab ihn. Zu diesem Kreis zählte auch kurzzeitig Leopold von Andrian-Werburg, auf dessen dichterische Figur Erwin in dessen »Garten der Erkenntnis« sich der Titel des Gedichts bezieht.

RAINER MARIA RILKE

1875 bis 1926. In Prag geboren, mit den wichtigen Lebensstationen in München, Worpswede, Paris, Duino und Muzot. In den Jahren 1896/97 weilte Rilke öfter als Gast auf Schloß Lebenberg bei Meran. In diese Zeit gehören die drei Gedichte, in denen Rilke in impressionistischer Manier Landschaft und Menschen Südtirols mit Silberstift festhält.

Hugo von Hofmannsthal

1874 bis 1929. Das Erlebnis des Südens spielt in Hofmannsthals Dichtung eine große Rolle. Italienische Stoffe kehren in seinem Werk immer wieder. Die Spannung nördlicher und südlicher Welt hält er im »Reiselied« fest. Spannung zwischen Nacht und Tag versinnbildet auch das Gedicht »Vor Tag«, das sich im Pustertal nach seiner Entstehung lokalisieren läßt.

Otto Erich Hartleben

1864 bis 1905. In Berlin mit Richard Dehmel befreundet, führte er das Leben eines leichtsinnigen Bohemiens, der die Philistermoral verspottete. Seit 1901 lebte er meist aus Gesundheitsgründen in Salò am Gardasee. Das prosaische Franzensfeste ist für ihn das Tor zum Süden, das er in seinen Versen festhält.

Christian Morgenstern

1871 bis 1914. In München geboren, in Meran gestorben. Damit sind die wichtigsten Lebensstationen des Dichters bezeichnet. Nach einigen frühen Kunstreisen ist Morgenstern an TBC erkrankt, von der er immer wieder Heilung in Meran suchte. So waren ihm Stadt und Umgebung auf das Innigste vertraut.

Carl Dallago

1869 bis 1949. Als Sohn einer reichen Bozner Kaufmannsfamilie verzichtete er auf Gesellschaft und Reichtum und verbrachte Jahre über dem Gardasee in naturmystischen Betrachtungen. Seine ersten Gedichte erschienen im »Brenner«. Nach der Machtergreifung der Faschisten übersiedelte er nach Innsbruck, wo Ludwig von Ficker sein Gesprächspartner war. In Arzl bei Innsbruck ist er gestorben.

ARTHUR VON WALLPACH

1866 bis 1952. Geboren in Vintl im Pustertal, schloß er sich früh der völkischen Bewegung an, deren politische Ziele er in seinen Gedichten vertrat. Mitarbeiter der Zeitschriften »Scherer« und »Brenner«. In seinen späten Gedichten preist er die heimatliche Landschaft in farbigen Bildern.

WERNER BERGENGRUEN

1892 bis 1964. In Riga geboren, machte er den Ersten Weltkrieg als russischer Offizier mit, übersiedelte aber nach Kriegsende nach Deutschland, wo er zuerst in Berlin, dann in München lebte. In den Kriegstagen des Zweiten Weltkriegs zog er sich vor der Verfolgung des NS-Regimes an den Achensee zurück. In diese Zeit fällt seine enge Bindung an Tirol.

GEORG BRITTING

1891 bis 1964. Britting kehrte als Schwerverwundeter aus dem Ersten Weltkrieg zurück, so daß er als freier Schriftsteller sein Brot erwerben mußte. Gegenstand seiner Lyrik ist die Natur, in die er die ganze Dämonie menschlicher Leidenschaften versetzt. Bayern und Südtirol begegnen sich in seinem Gedicht in einmaliger Form.

GOTTFRIED BENN

1886 bis 1956. Gottfried Benns fiktiver Brief nach Meran, der in das Jahr 1940 zu datieren ist, gibt der Sehnsucht des Arztes Ausdruck, der sich in Berlin in seinen Alltag, den

»Überfall der Trauerstunden« eingeschlossen weiß, der aber einmal noch auf das Glück der abgeschlossenen Erfüllung hofft, das sich ihm mit dem Namen Meran verbindet.

GERTRUD VON LE FORT

1876 bis 1971. Neben ihrem großen Romanwerk sind es vor allem die »Hymnen an die Kirche« und die »Hymnen an Deutschland«, in denen sich ihr lyrisches Empfinden ausdrückt. Das Gedicht »Tirol« dankt seinen Ursprung einer glücklichen Stunde beim Aufenthalt in Südtirol nach dem Zweiten Weltkrieg.

FRANZ HUTER

1899 bis 1998. In Bozen geboren, studierte Franz Huter Geschichte in Innsbruck und Wien und war dann über ein Menschenalter als Professor für Österreichische Geschichte an der Universität Innsbruck tätig. Seine zum Gedicht aufbereitete Prosa »Heimat« hat er seinem Werk »Südtirol. Tausendjährige Heimat« als Motto vorangestellt.

JOSEPH GEORG OBERKOFLER

1889 bis 1962. Der Ahrntaler Bauernsohn, der seinen Lebensberuf als Verlagslektor in Innsbruck fand, hat seine Wurzeln im bäuerlichen Boden nie aufgegeben. Seine großen Romane versuchen dem Tiroler Bauerntum einen mythischen Glanz zu geben. In seiner Lyrik ist der Bauer, sein Hof und seine Arbeit ein immer gleichbleibendes, oft ins Zeitlose übersteigertes Motiv.

KARL THEODOR HOENIGER

1881 bis 1970. In Wien geboren, kam Hoeniger als Artillerie-Offizier nach Südtirol, das ihm nach dem Krieg zur zweiten Heimat wurde. Heimatkundliche Forschungen führten ihn in Theater, Kunst, Literatur und Volksleben des Landes ein. Der »Bozner Hauskalender« wurde sein Organ. »Die acht Bozner Seligkeiten« sind ein einziges Preislied auf die Stadt.

JOSEF LEITGEB

1897 bis 1952. In Bischofshofen geboren, aber aus Nord- und Südtiroler Wurzel stammend, geht Leitgeb in Erzählung und Lyrik immer von heimischen Motiven aus, weiß sie aber ohne Künstelei ins Allgemein-Menschliche zu erheben. Seine Verse sind ein einziger Preis der Schönheit der Schöpfung, wobei ein leiser Schmerz der Vergänglichkeit in allem Jubel mitschwingt.

HUBERT MUMELTER

1896 bis 1981. Von Beruf Jurist, hat aber den Beruf nie ausgeübt, sondern in unbeschwerter Freizügigkeit als Skilehrer und Schriftsteller, später als Maler sein Leben gefristet. Das Schicksal seines Volkes hat er in allen seinen Sorgen mitgelebt, wovon sein Gedicht »Etschland 1940« kündet. Aber dennoch bewahrt er seinen Glauben an den »Heiligen Geist«, das Unzerstörbare im Menschen als Gottes Geschöpf.

MAX LÖWENTHAL

1908 bis 1997. Max von Löwenthal, durch siebzehn Jahre Botschafter Österreichs in Rom und an den Verhandlungen über Südtirol sehr aktiv beteiligt, hat seine Ferien gerne bei Freunden am Ritten zugebracht. Bei einem solchen Aufenthalt ist das Gedicht »Himmelfahrt« entstanden, das in seine Sammlung »Im Fallen« eingegangen ist.

Hans Faber-Perathoner

1907 bis 1987. In Sankt Ulrich geboren, verbrachte er seit 1915 seine Jugendjahre in Innsbruck, wo er später im Lehramt an Mittelschulen tätig war. Von 1954 bis 1964 war er Präsident des Turmbundes. In seiner Lyrik pflegte er vor allem die strenge Form des Sonetts.

Martin Benedikter

1908 bis 1969. Direktor des Lyzeums in Brixen. Als Sinologe hielt er Vorlesungen über chinesische Sprache und Literatur an den Universitäten Neapel und Padua. Seine Gedichte, zunächst versteckt in Anthologien erschienen, wurden erst nach seinem Tode in einem Bändchen »Musik der Welt« gesammelt.

Lilly von Sauter

1913 bis 1972. In Wien geboren, studierte sie Kunstgeschichte bei Julius von Schlosser und war zuletzt Kustos auf Schloß Ambras bei Innsbruck. Neben eigenem Schaffen war sie als Übersetzerin aus dem Englischen und Französischen sehr geschätzt. In ihrer Lyrik erscheint das Reale in einer seltsamen Verzauberung durch ihr Gefühl.

Anna Theresia Sprenger

1917 bis 2000. In Kufstein geboren, trat sie nach der Matura 1938 in den Orden der Tertiarschwestern in Hall ein. Sr. Maria Benigna war im Schuldienst in Mühlbach, Rovereto und Hall tätig. Die Motive ihrer Lyrik sind Glaube und Heimat. Ihr rastloses Denken und Handeln spricht sich meist in freien Rhythmen aus.

Hans Fink

1912. Brixen, Stadt und Umkreis, ist die Welt von Hans Fink. Bis 1970 führte er sein Gasthaus in Brixen, daneben war er aber im Aufspüren alter Sagen und Bräuche eifrig bemüht. Sein Stolz ist der Fund eines Menhirs in der Tschötscher Heide. Sein Gedicht »Törggelen« ist ein Aufruf zu fröhlichem Beisammensein beim neuen Wein an seine Freundesrunde.

Maridl Innerhofer

1921. In Marling geboren, hat sie ihr Heimatdorf nur im Zuge der Umsiedlung für einige Jahre verlassen. Von dieser Warte aus betrachtet sie Leben und Welt. Wie selbstverständlich wird dieser Blick eingelautet in die Mundart ihres Dorfes, nicht nachträglich übersetzt, sondern aus dem Ursprung erfahren und erlebt.

Karl Felderer

1895 bis 1989. In Margreid bei Salurn geboren, lebte er durch viele Jahre in Sankt Christina im Grödental. In kurzen Erzählungen hielt er das Leben seiner Umwelt fest. Er hat sich aber nie als Dichter gefühlt. Sein Bozner Bergsteigerlied ist das Geschenk einer glücklichen Stunde.

Fritz Arnold

1893 bis 1959. Er war Schüler von Bruder Willram, der ihn für die Dichtung begeisterte. Zuerst Schulleiter in Kematen, wurde er später Professor an der Frauenberufsschule in Innsbruck. Wanderungen führten ihn durch ganz Tirol, deren glücklichste Augenblicke er in Versen festhielt.

Erich Kofler

1916 bis 1994. Entscheidend war für ihn das Kriegserlebnis. Erst 1947 aus der Gefangenschaft heimgekehrt, fristete er als kaufmännischer Angestellter sein Leben. Seine ganze Liebe aber gehörte der Dichtung. Auf unzähligen Wanderungen erfuhr er immer wieder das Glücksgefühl, daß Stunde und Ewigkeit sich grüßten. Diese Augenblicke hat er in seinen Gedichten festgehalten.

Anna Maria Achenrainer

1909 bis 1972. In Pfunds im Oberinntal geboren, Lehrerin in Innsbruck, versuchte sie die Dinge in ihren Gedichten in ihrem Wesen zu erfassen. Rilkes Einfluß ist unverkennbar. Es gelingen ihr jedoch einige Gedichte von unverwelklichem Glanz.

Gabriele von Pidoll

1908. Meran ist das Zentrum ihres Lebens und ihrer Dichtung. Nach dem Studium moderner Sprachen in München, Florenz und Bologna wirkte sie bis zu ihrer Pensionierung als Lehrerin an der Lehrerbildungsanstalt in Meran. In ihrer Lyrik findet ihre Lebenslandschaft eine Verklärung, durchklungen von einer Melodie, die nicht selten an Weinheber erinnert.

Dorothea Merl

1920. Der in Innsbruck Geborenen ist aufgrund alter Tradition das ganze Tirol zur Heimat geworden. Zu ihren Ursprüngen kehrt sie auch in ihren Gedichten immer wieder zurück. Erschautes und Erdachtes stehen in schöner Übereinstimmung.

Franz Tumler

1912 bis 1998. Die Väterheimat Tirol spielt in der Lyrik Franz Tumlers nur eine untergeordnete Rolle. Auch das Gedicht »Die Töll bei Meran« klingt wie ein Abschiednehmen vom Land seiner Kindheit.

Kuno Seyr

1938. Geboren in Meran, studierte er Psychologie in Freiburg/Breisgau und Innsbruck. Als Zeichner und Dichter gleicherweise begabt, führt er das Leben eines freischaffenden Künstlers. Auch in seiner Lyrik ist das Auge das Organ, durch das er die Welt aufnimmt. Sein Bild ist jedoch nie Abbild, sondern Sinnbild.

Luis Stefan Stecher

1937. Lebt als freischaffender Maler auf seinem Ansitz bei Marling. Als bildender Künstler weiß er, daß auf das Aussparen der Wahrnehmung im Blick auf die Natur vieles ankommt. Dieses Vermögen überträgt er auch auf das Gedicht. Es sagt oft, was es nicht sagt.

Siegfried de Rachewiltz

1947. Als Enkel Ezra Pounds auf der Brunnenburg über Meran aufgewachsen, erweiterte er seinen Erfahrungshorizont durch Studien in den USA, Italien und Österreich. Seine Schöpfung ist das Landwirtschaftliche Museum auf der Brunnenburg. Als gründlich geschulter Volkskundler hält er Vorlesungen an der Universität Innsbruck.

Peter Lloyd

1948. Mit Siegfried de Rachewiltz verwandt, teilt er dessen Interessen an alten Überlieferungen. In seinem Gedicht »Laurin« sucht er der mittelalterlichen Sagengestalt einen neuen Sinn zu geben.

Konrad Rabensteiner

1940. In Villanders geboren, studierte er Literaturwissenschaft in Innsbruck und Padua und wurde Mittelschullehrer in Bozen. Der Tradition steht er nicht unkritisch gegenüber, sucht aber die alten Überlieferungen in seiner Dichtung mit neuem Leben zu erfüllen.

Christine Haller

1952. In Sterzing geboren, besuchte sie die Lehrerbildungsanstalt in Meran und ist seit 1970 als Grundschullehrerin an verschiedenen Orten in Südtirol tätig. Als Lyrikerin entdeckte sie Hermann Eichbichler, der ihre Gedichte »Das Dorf« und »Brixen« zuerst in der »Literarischen Beilage« der »Dolomiten« veröffentlichte.

Eva Lubinger

1930. In Steyr in Oberösterreich geboren, ist sie seit ihrem Studium in Innsbruck in Tirol heimisch geworden. Einige Erzählbände berichten humorvoll vom Leben in Haus und Familie. Ihre Gedichte sammelte sie in dem kostbaren Bändchen »Pflücke den Wind«, 1982. Das Gedicht »Ein Engel von Marienberg« wurde für diese Anthologie geschrieben.

GOTTFRIED W. STIX

1911. In Wien geboren, wirkte er viele Jahre als Professor für deutsche Sprache und Literatur an den Universitäten Catania und Rom. Seit Jahren teilt er sein Leben zwischen Wien und Kaltern. Als Dichter ist er erst spät hervorgetreten. Seine Form ist das japanische Haiku, das er mit einer gewissen Freizügigkeit in verschiedener Weise abwandelt.

GERHARD KOFLER

1949. In Bozen geboren, lebt Gerhard Kofler als freier Schriftsteller und Kulturkritiker in Wien. Der Heimat entfloh er wie »jener blasse Kanarienvogel im Käfig«, da er sich durch »ethnische Gitterstäbe« nicht einengen lassen wollte. Diesem Zug nach Freiheit entspricht auch, daß er sich in seinen Gedichten sowohl der deutschen wie der italienischen Sprache bedient. Einige Bände sind im Haymon Verlag in Innsbruck erschienen.

NORBERT C. KASER

1947 bis 1978. Den in Brixen Geborenen und in Bruneck Aufgewachsenen haben ärmliche Verhältnisse und schwere Krankheit in seiner Jugend belastet, worunter er sein ganzes Leben litt. Weder sein Eintritt bei den Kapuzinern noch seine Gemeinschaft mit der kommunistischen Partei konnten ihn von seinem Schicksal wirklich befreien. So ist auch seine Dichtung Ausdruck einer unaufhebbaren Belastung. Auch das, was man Heimat hätte nennen können, erschien ihm in diesem düsteren Licht. Seine gesammelten Werke erschienen nach seinem Tod in drei Bänden im Haymon Verlag in Innsbruck.

Sepp Mall

1955. In Graun im oberen Vinschgau geboren, studierte Sepp Mall in Innsbruck und Padua deutsche Sprache und Literatur und wurde Professor am Lyzeum in Meran. Nicht unkritisch steht er zu seinem Land: »Meine Heimat sind Flurnamen.« Nicht mehr. Dennoch wartet er, »bis jeder Ort seinen Namen hat, jedes Wort sein Revier«. Zwei Gedichtbände sind im Haymon Verlag in Innsbruck erschienen.

Ernst Rech

1954. Ernst Rech ist ein Pseudonym für Ernst Rechenmacher. In Schlanders geboren, studierte er in Innsbruck Germanistik und Geschichte und kehrte dann als Lehrer nach Schlanders zurück. Rückkehr in seine Heimat, Geborgenheit in der Familie gibt auch seiner Lyrik den Ton. Hochsprache und Dialekt weiß er mit gleicher Meisterschaft zu verwenden. Das bezeugt sein Gedichtband »Der Sonnenreigen«.

Elisabeth Senn

1928. In Innsbruck geboren, besuchte sie im Krieg die Lehrerbildungsanstalt, war aber nie als Lehrerin tätig, sondern widmete sich der Kulturjournalistik, wobei Südtirol ein bevorzugtes Thema bildete. Seit Jahren ist sie Theaterkritikerin der »Dolomiten«. Ihre Gedichte erschienen in Zeitschriften und Anthologien.

Angela Nikoletti

1905 bis 1930. Geboren in Margreid, aufgewachsen in Kurtatsch, studierte Angela Nikoletti an der Lehrerinnenbildungsanstalt in Zams, doch der Zugang zu ihrem Beruf wurde ihr vom faschistischen Staat verwehrt. Sie lehrte im »Katakombenunterricht«, wurde entdeckt, kam ins Gefängnis und wurde aus ihrer Heimat Kurtatsch ausgewiesen. Das war ihr Tod. Langsam siechte sie dahin, da ihr Leben seinen Sinn verloren hatte. Ihre Geschichte ist eine erschütternde Klage, da und dort auch eine Anklage. Eine Biographie Angela Nikolettis von Othmar Parteli, verbunden mit einer Ausgabe ihrer Gedichte, ist erst 2002 im Athesiaverlag in Bozen erschienen. Darstellung und Ausgabe zeigen sinnbildhaft, welchen Leidensweg Südtirol unter der Herrschaft des Faschismus gehen mußte.

ZUR TEXTGESTALTUNG

Die Anthologie »Südtirol im deutschen Gedicht« will Landschaft und Schicksal des Landes zwischen Brenner und Salurner Klause im Ablauf eines guten halben Jahrtausends in Zeugnissen deutscher Dichtung dem Leser vor Augen stellen. Wort der Hochsprache und Urlaut der Mundart finden dabei in gleicher Weise Berücksichtigung. Die Anlage der Sammlung ist im großen nach chronologischen Gesichtspunkten erfolgt, wobei jedoch thematische und ästhetische Überlegungen im Einzelnen einen Ausgleich zwischen Bleiben und Vergehen bewußt machen wollen. Im Blick auf das Schicksal des Landes steht jedoch die zeitliche Abfolge im Vordergrund.

Rechtschreibung und Zeichensetzung wurden dem heutigen Gebrauch angeglichen, soweit nicht lautliche Qualitäten und graphematische Eigentümlichkeiten dadurch berührt wurden. Bei der Titelgebung hat der Herausgeber vom Recht zu kleinen Ergänzungen und gewissen Verdeutlichungen Gebrauch gemacht. Für einzelne Gedichte, die ohne Titel überliefert sind, wurde ein Titel im Zusammenhang von Entstehung und Thema geschaffen. Er will lediglich als Hinweis auf das, was im Gedicht ausgesprochen wird, verstanden sein.

Dem Abdruck der Gedichte wurden in den »Anmerkungen« kurze biographische Notizen und flüchtige Charakteristiken beigefügt, die nicht als Wertungen begriffen werden wollen. Sie dienen nur zur ersten Information des Lesers.

Bei der Sammlung und Sichtung der Texte, die aus einem viel reicheren und oft recht unübersichtlichen Material vorgenommen wurde, haben mich Frau Mag. Margot Eisendle-Rauch, Frau Dr. Ellen Hastaba und Herr Universitätsprofessor Dr. Johann Holzner unterstützt. Für wichtige biographische Aufschlüsse bin ich dem Direktor der Friedrich-Teßmann-Bibliothek in Bozen, Herrn Dr. Anton Sitzmann, sehr verbunden. Ihnen allen sei herzlicher Dank gesagt!